一本书明白 当好农村经纪人

YIBENSHU
MINGBAI
DANGHAO
NONGCUN
JINGJIREN

智丽红 赵刚 主编

"十三五"国家重点
图书出版规划

新型职业农民书架·
技走四方系列

山东科学技术出版社　山西科学技术出版社　中原农民出版社
江西科学技术出版社　安徽科学技术出版社　河北科学技术出版社
陕西科学技术出版社　湖北科学技术出版社　湖南科学技术出版社

中原农民出版社　　　　　　　　　　联合出版

图书在版编目（CIP）数据

一本书明白当好农村经纪人 / 智利红，赵刚主编.
郑州：中原农民出版社，2018.6（2019.6重印）
（新型职业农民书架·技走四方系列）
ISBN 978-7-5542-1932-4

Ⅰ.①一… Ⅱ.①智…②赵… Ⅲ.①农村经济—经纪人
—基本知识 Ⅳ.①F321

中国版本图书馆CIP数据核字（2018）第124399号

一本书明白当好农村经纪人

主　编：智利红　赵　刚

出版发行	中原出版传媒集团　中原农民出版社
	（郑州市郑东新区祥盛街27号7层　邮编：450016）
电　　话	0371-65788656
印　　刷	河南育翼鑫印务有限公司
开　　本	787mm×1092mm　1/16
印　　张	9.5
字　　数	150千字
版　　次	2018年7月第1版
印　　次	2019年6月第2次印刷
书　　号	ISBN 978-7-5542-1932-4
定　　价	30.00元

目录 Contents

单元一　农村经纪人基础知识 1
　一、解读农村经纪人 1
　二、农村经纪人在经济发展中的作用和发展状况 7

单元二　农村经纪人岗位职责及入职要求 16
　一、农村经纪人岗位职责及职业原则 16
　二、农村经纪人的素质要求 22
　三、农村经纪人的能力要求 29
　四、农村经纪人的业务技能要求 31

单元三　农村经纪人经纪技巧 35
　一、市场认知 35
　二、信息处理技巧 48
　三、谈判技巧 58

单元四　农村经纪人业务运作 62
　一、农村经纪人分类及经纪活动内容 62
　二、农产品经纪人业务运作 65
　三、农村技术经纪人业务运作 69
　四、农村劳务经纪人业务运作 78
　五、农村文化经纪人业务运作 82
　六、农村保险经纪人业务运作 86

单元五 农村经纪人法律知识 ……………………………………… 93
　一、农村经纪人必备的法律知识 ………………………………… 93
　二、了解农村经纪合同的相关知识 …………………………… 124
　三、农村经济合同纠纷处理 …………………………………… 138

单元一
农村经纪人基础知识

> **单元提示**
> 1. 解读农村经纪人。
> 2. 农村经纪人在经济发展中的作用和发展状况。

一、解读农村经纪人

（一）经纪人的概念

经纪人是指在经济活动中，以收取佣金为目的，为促成他人交易而从事居间、行纪或代理服务的中间人。这是国家工商行政管理总局在2004年8月28日发布的《经纪人管理办法》中，对"经纪人"给出的书面定义。可见，经纪人是中间人，可以是个体公民，也可以是公司或者某种经济组织。在市场经济时代，市场的需求和供给总是存在差距，比如北京需要香蕉，云南有香蕉，北京的买家出价比云南买家出价高，价差的存在就有利可图，这是市场经济必然存在的，是合情、合理、合法的。而从事流通领域活动的这些人，低买高卖，既解决了卖家的销售问题，又解决了买家的购买问题，依靠自己的诚实劳动赚钱，当然是正当的。这些从事贩卖蔬菜、水果、鲜花、水产、牲畜、皮毛、药材、苗木等活动的人，就是农村经纪人。

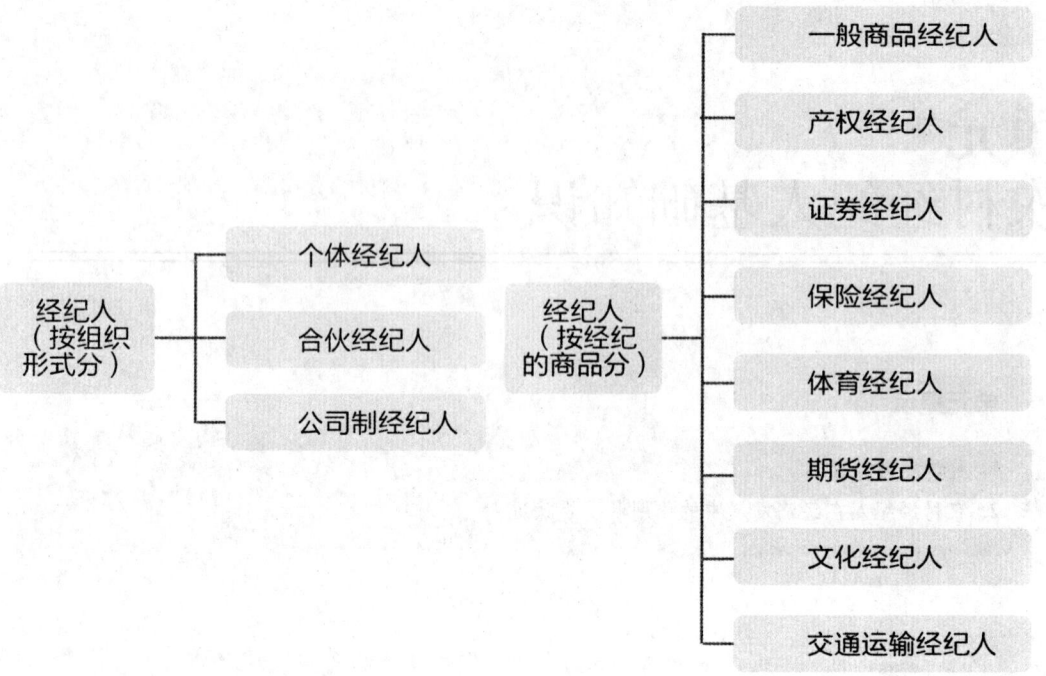

经纪人的产生与发展

1. 市场经济中的客观矛盾需要经纪人的存在和发展

在现代经济条件下,随着社会分工的加深以及市场经济的发展,生产与消费、供给与需求之间的矛盾日益突出,如:生产者与消费者在区域、时间、信息上的差异矛盾,在商品品质、供给数量、价格等方面的差异矛盾,决定了在生产者和消费者之间、供给与需求之间需要一个公平的中介机构或个人介入,从而加以沟通和协调,因此决定了为交易提供中介的经纪人的存在和发展。

2. 经纪人是市场经济活动中的重要力量

经纪人在加速商品流通、疏通周转渠道、优化资源配置等方面起着重要的作用。经纪人活跃在各类市场上,从一般的商品市场发展到各类要素市场,从一般的商品经济拓展到专业性较强的金融、保险、证券、期货、技术、劳动力、运输等领域。由此可见,市场经济越发展,经纪人的地位就越突出。

（二）农村经纪人的概念

国家实行改革开放政策后，放宽了农民的自留地和农产品统购统销政策，一些聪明能干、胆子大的农村人开始了"提篮叫卖"等活动，他们肩挑手提出售自家生产的农副产品。有时东西好卖，自家田地里又不够卖，自然就会收购其他农民家里的来卖。这样一来，不仅尝到了卖农副产品赚钱的甜头，还积累了一些做买卖的经验，掌握了市场上的行情，也取得了一些农民的信任，不知不觉中走上了经纪人的道路。他们就是我们所讲的农村经纪人。

具体地说，农村经纪人是指活跃在与农业、农村、农民密切相关的经济领域，以农副产品、农村富余劳动力、农业生产资料、农业科技等为经纪对象，通过居间、行纪、代理等不同经纪方式，为促成他人交易提供中介服务，并获取不同形式收益的自然人、法人和其他经纪组织。简单地说，农村经纪人和房产经纪人、明星经纪人一样，充当着买卖双方中间人的角色。

经纪实例——为买卖双方架起一座桥梁

"老张在家吗？外地的生猪收购商来了，一会儿去你家看看生猪品相……人家相中了，我帮你出价。"

2013年6月27日中午，新疆福海县生猪养殖户老张接到"生猪经纪人"陈清芝打来的电话。

一刻钟的工夫，陈清芝带着外地老板来到老张家，看完出栏猪的质量后，双方开始商量起价钱。简短的讨价还价后，两人在经纪人陈清芝的撮合下，很快以每千克16.0元的价格达成交易，5头出栏的生猪共计1.2万元。

在这个实例中，养猪户老张足不出户就把生猪卖了个好价钱（当时当地生猪售价每千克不到16.0元）。猪收购商也收到了高品质的生猪。这就是陈清芝的经纪之道：既要满足买家的需求，又要满足卖家的期望。

经纪实例——合作社参与经纪显成效

2010年7月正是广西玉林市龙眼大量上市的时节。在北流市民乐镇罗政村果蔬专业合作社，果农大户刘坚剥开一颗又大又圆的龙眼，高兴地说："今年龙眼很好销，果还在树上，农业合作社的经纪人就早早预订了，还有价格保障。"这些都是罗政村党支部书记钟耀荣的功劳。

北流市民乐镇罗政村党支部书记钟耀荣和村里7名经纪人成立了罗政村果蔬专业合作社。他们根据市场的需求信息向农民提供生产意见和技术咨询，组织带动当地300多户村民逐步建立起龙眼、蘑菇、提子等生产基地，实现订单种植，全村仅龙眼、果苗、蘑菇三项收入就实现年产值825万元。

陆川县经济能人、农村经纪人江庆儒在当地开办了养鹅专业合作社，带领100多户农民养殖种鹅，并通过他的信息渠道把种鹅销售到区内外，使许多农民走上了致富之路。

又如江苏南通海门市羚杰牧业有限公司董事长邱羚杰牵头成立了海门市羚棋生猪专业合作社，向140多个养殖户提供优惠苗猪、兽药、预混饲料，2008年按订单向社员收购毛猪1.89万头，实现经纪销售收入1 580万元，帮助农民增收264万元。

经纪实例——靠技术服务的经纪人

桓仁满族自治县板栗协会成立于2005年。板栗协会成立之初，正是板栗市场价格下滑之时。为了有效运用协会力量保证栗农增产增收，该组织以增产为手段，在协会中广泛开展三送科技活动。在两年时间里，这个协会组织骨干力量40多人，深入全县板栗乡镇，举办板栗整形、修剪、嫁接等技术培训班240次，培训果农上万人，使全县板栗农户80%受到科普培训。同时，他们还送科技到板栗农户，先后投资5 000多万元，组织各乡镇协会会员到板栗果园指导果农采取板栗抗旱措施；编写板栗技术要点送给协会农户。协会三送科技活动，有力地推动了全县板栗科学技术在板栗生产实践中的应用，使全县板栗在价格走低的情况下，以科技为杠杆，推动2010年全县板栗生产总量达到了2 000万千克。

经纪实例——信息也是财富

2012年，浙江省湖州市吴兴区万名农村经纪人营销的各类农产品年产值达50亿元。这是吴兴区工商分局对该区农村经纪人调查所得出的一个骄人数据。"农村经纪人作为农产品走出去的重要中介，其眼界、信息接收度十分重要。因此，我们邀请了各乡镇农民专业合作社免费加入'湖州市个私经济发展服务网QQ群'，聘请农村经纪人为网络联络员，为各乡镇推广和销售特色农产品、及时了解国内外农产品市场行情等提供一个广阔的网络平台。"吴兴区工商分局负责人介绍。

今年47岁的华团庆曾是当地生态龟鳖养殖农业龙头企业的带头人，从业期间，他积累了丰富的行业经验和人脉资源，这为他现在充当龟鳖产销链条中的"中间人"提供了良好的条件和基础。华团庆说，他所在的东明村是当地龟鳖养殖规模最大的一个村，全村800多户人家，六成左右都在从事龟鳖养殖的相关行业。龟鳖行情的起起落落，市场的风云变化，直接影响着当地村民的"钱袋子"和来年的生产计划安排。因此，关注市场行情，及时作出反应，与养殖大户交流市场行情，与收购商贩交流当地生产情况，成了农村经纪人日常工作的固定内容。

 **经纪实例——劳务经纪人帮了家乡人**

山东省曹县将培养壮大农村劳务输出经纪人作为推进剩余劳动力转移就业的重要抓手,着力加强农村劳务输出经纪人队伍建设,有效地促进了农村转移就业。目前,全县从事劳务输出的经纪人达到1 000多人,每年输出2万名农民工,输出种类涉及20多个行业,每年实现劳务输出收入50亿元以上。

吉林省通榆县十花道乡劳务输出经纪人赵连昌,当地人都称他是农民工的"红娘"。为了对乡亲们负责,保证挣到钱、多挣钱,他让大儿子做摸底人,先去探明用人方的情况,再组织乡亲们去务工。赵连昌还聘请回家探亲有经验的在外地打工的人员,为准备外出务工人员传授有关务工知识、务工经验及注意事项,这样提高了务工人员整体素质。由于赵连昌事前工作扎实,经他介绍输出的打工者,厂方都很满意。他为企业解决用工难的同时,也给自己带来了经济收益。

温馨提示:

当前大力扶持以下几种类型的农村经纪人:一是为当地优势农副产品衔接需求市场的农村经纪人;二是在农业加工龙头企业和农户之间牵线搭桥的农村经纪人;三是推广实用农业科学技术的农业科技经纪人;四是依托大型农副产品、农资批发市场为农民群众提供运输服务的农村经纪人;五是提供仓储和营销中介服务的一般经纪人;六是解决农村剩余劳动力出路的劳务经纪人。

二、农村经纪人在经济发展中的作用和发展状况

把本地优质农产品带出去

2010年初春3月,浙江嘉善县罗星街道鑫锋村农村经纪人王明德告诉记者:"2010年,我与50位农户签订了蔬菜订单合同,每天要收购近5 000千克蔬菜,全年收购量约150万千克。"他做蔬菜营销已经10多年,每天忙着收购蔬菜,每天都要联系市场。王明德和大部分农民一样,以往也过着面朝黄土背朝天的生活。10年前的一次偶然机会,他多了一个新的身份——农村经纪人,代理村内农产品的销售,从此生活发生了翻天覆地的变化。

嘉善县工商局工作人员介绍说,农村经纪人凭着对市场信息的准确把握,一头连着市场,一头连着农户,极大地推动了嘉善县的优质农产品走出本地,畅销全国。2009年,嘉善县1 159名农村经纪人共"卖出"6亿多元的农产品。

(一)农村经纪人在农村经济发展中的作用

推进了农业生产结构的调整

成熟的农村经纪人从农业生产中独立出来后,专注于农产品市场的信息分析和产品销售,充当生产与市场之间的连接纽带,提高了农产品进入市场的速度;农民则根据经纪人的意见和信息安排生产,使生产出来的农产品和市场需求结合起来。在农村经纪人的连续服务过程中,农业生产结构得以不断地按市场需求导向进行调整。

| 增加了农民的收入 | 农村经纪人利用自身的市场资源将农民的产品推销出去，使农民的生产活动能够持续有效地转变为不断增长的现金收入，从而保证了农民增收。他们起到了联系农业生产和市场需求之间的纽带作用，这样农民只管生产农产品，而把产品交给农村经纪人负责销售，大大减少了风险、增加了收入。 |

| 促进了农村劳动力的合理利用 | 由于农业生产的季节性，导致农业生产中会出现阶段性的剩余劳动力。另外，由于农村人均耕地越来越少，难以容下太多的农村劳动力，因而迫切需要将其转移出来。把农民从土地中解放出来，投身到第二、第三产业，带动农村劳动力的转移，推动农村小城镇建设，成为农村经纪人的主要工作内容。 |

| 促进农村产业规模的扩大 | 农村经纪人自己的生产经营活动，以及农村经纪人在市场与农民之间的中介作用，对农民起着重要的示范和引导作用。受他们的影响，很容易形成一村一品、一乡一业，甚至一县一业的格局。 |

经纪实例——农村插秧经纪人

2013年5月时值"三夏"农忙时节，安徽省六安市金安区东桥镇农民群众一边忙着收小麦，一边忙着耕田、种水稻，农忙活动进行得有条不紊。在这个一般农村普遍缺乏劳动力的时候，东桥镇怎么不缺劳动力呢？

近年来，东桥镇每年播种水稻6万多亩，由于大多青壮年农民外出务工创业，每到农忙季节，农村便出现劳动力紧缺现象。为了抢收抢种，农村插秧经纪人应运而生。他们具有一定的组织能力和群众基础，联络在家的富余劳动力组成专业插秧小分队，奔走于乡村田野，一方面为"三夏"工作争取了时间，提高了农业生产效率，解决了农村劳动力缺乏问题，另一方面也为农村富余劳力增加了收入，受到农村群众的普遍欢迎。

经纪实例——田头市场

2013年江苏省丰县范楼镇有农民经纪人200余人，他们担当着农产品销售的重任，并在千井、欧庄、黄村集等村设立了10多个田头市场。经纪人每天在田头市场收购农产品，让农民足不出户就能进行销售。该镇还在马庄村设立了农产品集中点，对集中起来的农产品进行分拣、包装后，通过销售网络，由客商发到南京、上海、杭州等城市直销点销售。初步形成了区域化、规模化、市场化、产业化的现代农业生产销售网络格局。在经纪人的帮助下，千井村、徐楼村的蒜薹，齐阁村的牛蒡，欧庄村、黄村集村的韭菜，马庄村的设施菜，远近闻名，形成了"一村一品"的格局。

（二）农村经纪人的发展现状及主要问题

1. 农村经纪人发展现状

（1）农村经纪人规模与经营规模不断扩大　据农业农村部不完全统计，目前我国农村经纪人已发展到540多万。除此之外，在农村还有大量从事临时性或季节性经纪活动、未经登记难以统计的农村经纪人。农村经纪人的经营领域在不断拓宽。20世纪80年代初，"贩运户"（农村经纪人的前身）的经营主要集中在蔬菜水果等农副产品项目上，而目前农村经纪人的生产经营范围几乎覆盖了农业生产与经营的方方面面，并逐渐从第一产业向第二产业、第三产业延伸，有一批经纪人已经走上了"产+销"一体化经营的路子。

（2）农村经纪人类型多种多样　目前活跃在全国各地的农村经纪人类型多种多样，若按活动空间划分，有区域性经纪人和跨区域性经纪人；按活动时间分，有职业性经纪人和临时性经纪人；按经营领域划分，有产品营销经纪人、技术经纪人和信息经纪人；按业务类型划分，有居间、代理、行纪经纪人；按运作方式划分，有龙头企业带动型（龙头企业+经纪人+农户）、基地带动型（基地＋经纪人＋农户）等各种类型。

（3）农村经纪人活动方式多样　农村经纪人按照市场需求选择经营品种，在营销方式上灵活多样。他们以个人或组织身份开展经纪活动，具有决策自主、经营灵活的显著特点。作为农产品销售的联系桥梁，按照市场需求选择经营品种，他们充分利用报纸、电视、网络等媒体获取商品供求信息，通过走访集贸市场、参加农产品展销会等方式联系客户、寻找商机。他们中大多数人直接从事产品购销，在本地和外地设立流动或固定购销点，低买高卖，获取差价利润。很多经纪人已经建立和完善了农产品营销网络，活跃了农产品的流通。

2. 农村经纪人面临的主要问题

（1）缺乏政府部门的鼓励扶持政策和中介服务组织的支持　有些部门对农村经纪人在调整农业产业结构中的作用缺乏足够的认识，存在不关心、不扶持现象，个别单位还存在对农村经纪人乱收费、乱设卡等现象；媒体对农村经纪人的宣传力度不够，农村经纪人对登记注册条件和程序等知识了解不够。目前社会上对经纪人仍有偏见，"倒买倒卖""无商不奸""投机钻营""二道贩子"等旧观念在人们的头脑中还根深蒂固，致使农村经纪人社会地位和知名度低。

（2）农村经纪人总体上文化程度较低，经纪效率不高　目前，我国农村经纪人拥有中专以上学历的不到一半，不少经纪人只是凭个人经验闯市场，对相关的政策和法律也知之甚少，因而经纪活动带有随意性、盲目性。缺乏规范性，由此造成了一些不必要的纠纷。同时，信息来源单一，大多数农村经纪人的信息来源主要靠相互之间口头传递或通过电话相互沟通，信息渠道狭窄、时效性极差。

（3）市场准入混乱，无证经纪较为普遍　农村经纪人发展不平衡，地域性和行业差异较为突出；无照经营、"地下"经营较为普遍。就全国而言，近60%以上的经纪人没有经纪人资格证书，就直接进入市场经营。

（4）服务单一，手段落后，总体水平较低　目前农村经纪人单干得多、个体营销多，分工协作少、联合少；在农产品的流通中，在本地营销的多，在外地国外营销的少；传统手段营销多，拍卖、电子商务等新兴手段的运用少、连锁经营、物流配送等现代流通方式运用得少；收购农副产品的多，从事农业新品种新技术中介服务的少，生产、加工、保鲜、贮藏、运销等一体化经营的少。

（5）信誉观念和品牌意识不强、竞争力弱　少数经纪人不讲诚信，无视商业信用和职业道德，形成价格垄断，坑农、害农、损农的现象时有发生；有的农村经纪人与农户采取"口头协议"从事收购活动，仅口头承诺，不认真履行义务，伤害农民利益；有的利用虚假信息诱导农民签订合同，不择手段地压级压价、欺行霸市、强买强卖，影响了自身形象。大多数农村经纪人没有意识到品牌给农产品带来的丰厚附加值，缺少必要的营销手段。农村经纪人大部分都是自己经营自己的业务，单打独斗、各自为战，没有形成集团化生产经营，规模小，缺乏抵御风险的能力，对区域经济拉动也小。

3. 大力培育和发展农村经纪人的有效途径

（1）加大宣传力度，深化思想认识　各级党委、政府一定要转变传统观念，充分认识农村经纪人在农村经济发展中的重要作用，采取各种形式，加大发展农村经纪人对促进农村经济发展的重要作用的宣传，让社会各界都来关心重视农村经纪人的发展工作。

宣传具体措施

要从习近平新时代中国特色社会主义思想的高度，深刻认识培育和规范发展农村经纪人的重大意义。

要充分利用电视、广播、报纸等媒介加大宣传力度，将农村经纪人的作用和地位，经纪人的组织形式、注册条件和注册程序等宣传到乡村。可把农村经纪人经纪活动方式、签订经纪合同等事项制作成专题片等向农民进行示范。

要把带领乡亲致富的农村经纪人典型、守法守信的农村经纪人典型，通过多渠道、多形式进行宣传和示范，以此提高农村经纪人的地位、扩大农村经纪人在农村的影响，引导农民积极投身于农村经纪人行业。

（2）加强组织机构建设，逐步规范管理　要使农村经纪人发挥好其应有的作用，加强组织机构建设，逐步进行规范化管理是一个十分重要的关键环节。没有组织机构,就难以进行规范化管理;不进行规范化管理,农村经纪人就难以发挥出应有的作用。

组织机构的建设

成立各级的农村经纪人协会,选出有影响、有威望、有实力的农村经纪人担任协会领导,定期开展活动。要有效地组织农村经纪人建立自律组织。帮助农村经纪人自律组织建立起政府和经纪人之间、经纪人和经纪人之间相互沟通的渠道。通过自律组织开展法律法规及政策的咨询,传递市场信息,开展经纪行为自我管理,维护农村经纪人的合法权益。

成立各级的农村经纪公司,把分散各地的农村经纪人组织到公司里,成为公司的一员,使其有单位有组织有领导,便于开展工作和管理。

（3）加大引导力度,构建信息平台　农村经纪人经纪活动分散、经营规模小、信息闭塞,他们急需建立相互了解和沟通的平台。各级地方政府要加大对农村经纪人的引导和指导力度。

信息平台的构建

根据当地农副产品的生产和销售情况,定期或不定期地召开信息发布会,召集当地的农村经纪人在一起进行信息和经验交流,通报党和国家近期的政策动向,介绍市内外、区内外、镇内外、村内外的市场动态,提供一些供求信息,为农村经纪人做一些有益的服务,从而调动他们的工作积极性和主动性。

加强信息服务,要利用现代信息网络,改善信息的收集、分析、传递和发布工作,促进信息互通,资源共享,鼓励开展网上交易,使他们的经纪行为网络化、高效化。

（4）规范市场准入制度，壮大农村经纪人队伍　农村经纪人主要来自当地的农民，且文化水平相对较低，对经纪工作知道得不多，综合素质不高，如果严格按农村经纪人的准入条件来要求，多数是达不到的。要迅速发展壮大农村经纪人队伍，在市场准入环节，要根据实际情况调整相应政策，鼓励更多的农民投身于农村经纪人行业。因此，工商部门在不违反法律法规及行政规章制度的前提下，按照"非禁即许"的原则，适当放宽农村经纪人的准入条件，形成一套先发展后培训再规范的工作机制。

市场准入制度的规范措施

做好登记服务。对申请办理注册登记的农村经纪人，在限期内给予快捷、简便的登记服务；对季节性从事经纪活动的农村经纪人，依照申请人的申请依法进行注册登记；对从事个体经营的农村经纪人免收工商登记费和管理费。

做好经纪合同服务。

做好商标服务。深入开展"商标上山下乡"活动，引导农村经纪人运用商标战略开展特色经纪；鼓励经纪服务注册服务商标，打造"经纪品牌"；广泛推行"公司+农户+商标+市场"的经营模式，积极帮助农户和涉农企业注册农产品商标，申报集体商标、证明商标注册，打造"品牌农业"；在认定和推荐市著名商标、中国驰名商标时，把农产品和农业产业化龙头企业列为工作的重点，实行政策倾斜。

建立健全农村经纪执业人员备案及基本情况明示制度。建立健全农村经纪人及执业人员档案，实施信用分类管理，依法查处无照经营的"地下"农村经纪活动。

（5）加大示范力度，发挥样板作用　要积极动员组织农村党员带头做农村经纪人，发挥好经纪人领头雁的作用。组织动员一些有知识有文化年富力强的农村党员带头做农村经纪人，能有效地带动农村经纪人的发展，并能成为农村经纪人中的领头雁，组织带领好农村经纪人队伍。以农副产品营销、农业生产资料、农业技术服务和劳务输出等领域为重点，结合当地经济发展实际和产业发展优势，培育发展一批创效高、信誉好、贡献大、带动能力强的农村经纪能人，发挥示范带动效应。

（6）加强培训力度，提高综合素质　农村经纪人绝大多数文化水平较低，对党的一系列农村政策知之甚少，对经纪知识也是一知半解。因此，加强对农村经纪人的培训显得尤为重要。积极探索建立"政府牵头，部门培训"的培训机制，工商管理部门、农业部门和职业学校等要密切配合，采取一系列有力的培训措施，加强对农村经纪人的培训力度，使其掌握农村经纪人应具备的一些基础知识、技能知识以及党在农村的一系列方针、政策。通过培训，提高农村经纪人的综合素质，以使其在工作中得心应手。培训的内容应包括：经纪人基本理论和知识；经纪人设立及登记规范；市场营销知识；合同法律知识、合同基本技巧；商标基本常识及理论等。与此同时，还要根据农村经纪人及农民的需要协助有关组织，邀请有关专家进行农业生产技术知识的培训。

（7）加强监督管理，促进行纪规范　在鼓励农村经纪人发展的同时，严格按照《经纪人管理办法》的规定对其经纪行为加以规范，健全农村经纪执业人员备案以及执业人员基本情况明示监督检查制度，加强农业经纪合同指导，监督经纪执业人员在经纪合同中签名，建立健全农村经纪人信用记录及档案，逐步完善农村经纪执业人员自我约束和社会监督机制。对于农村经纪人坑农、害农的行为要坚决予以查处，重点查处利用虚假信息诱导农民签订合同、欺行霸市、强买强卖的违法经纪行为，促进农村经纪行业的健康发展。

经纪实例——政府支持经纪人队伍的发展

青岛市在2012年7月授予青岛露润春茶叶专业合作社等单位和个人"十佳农村经纪人"荣誉称号，全国各地也都在鼓励农村经纪人的发展并对成绩突出的经纪人给予奖励。

2009年"东北物流城杯"首届全国优秀农产品经纪人表彰大会在辽宁省铁岭市举办。全国195名优秀农产品经纪人受到了表彰和嘉奖。此次活动由中华全国供销合作总社、中国农产品流通经纪人协会和国家工商总局、全国妇联、共青团中央、铁岭市政府联合举办，旨在通过宣传农产品经纪人优秀典范，树立农产品经纪人新形象，带动更多的创业者投身到农产品流通领域，以创业带动就业。在被表彰的农村经纪人中，资产在亿元以上的有32名，年经营额在亿元以上的有97名，人均带动农户近1.4万户，帮助农民人均增收822元。经营范围涵盖了农产品流通相关的生产、加工、运销的各个环节。

经纪人在不同时期的称呼

唐代以来，称经纪人为"牙人""牙""牙商"等。

清末民初，上海俗称经纪人为"掮客"。掮，本指以肩扛物，用称经纪人，当含"一手托两家"之义。

现代口语又称经纪人为"跑合的"，近年又有所谓"对缝的"之说，对于"跑合的"而言，即"跑合对缝"做中间商。有的也直称为"介绍人"或"中间人"。

单元二
农村经纪人岗位职责及入职要求

单元提示

1. 农村经纪人的岗位职责及职业原则。
2. 农村经纪人应具备的专业素质。
3. 农村经纪人的能力要求和业务技能要求。

一、农村经纪人岗位职责及职业原则

经纪人要擦亮经纪的眼睛，良心经纪

2012年4月11日国家质检总局组织山东质监部门查处了一家违法生产农药的黑窝点。一对夫妇既无营业执照，又无生产许可证，违法生产有毒农药多效唑。违规生产的多效唑可致农产品减产绝收，污染土地和水源，甚至危及老百姓的健康。

根据举报和质检总局前期组织的暗访，石家庄一家公司也涉嫌违法生产这种农药。

假种子、假农药、假化肥，坑农害农，严重损害农民利益，危害极大。制造及出售假种子、假农药、假化肥的犯罪行为，国家是严厉打击的。这给从事农资经纪的人敲响了警钟，看来不能什么都经纪，假农资绝对不能流入市场。

那么，农村经纪人在进行经纪时应遵守哪些岗位职责呢？

（一）农村经纪人的岗位职责

1. 服务"三农"的岗位职责

凡具有一定专业知识和中介服务经验，愿意从事经纪活动的公民，经过申请、培训、考试合格者，由工商行政管理部门颁发从事经纪活动的资格，可以在生产资料、生活资料经营和转让，以及在引进资金、信息、工程项目等过程中从事中介服务活动。

2. 办好农村经纪人服务所的岗位职责

依照有关规定可以从事个体经纪业务，开办经纪业务或开办农村经纪人服务所。

3. 遵守国家法律、法规和政策的岗位职责

在批准的经营范围内从事农村经纪人活动，不准直接进行实物性商品买卖，不得违法经营、弄虚作假，进行诈骗活动。

4. 缴纳税费的岗位职责

应当按照规定收取中介费，依法纳税，按有关规定向工商行政管理部门交纳管理费。

5. 取得佣金的岗位职责

按国际惯例，农村经纪人在交易活动发生后，交易各方应到独立的结算机构结算佣金。农村经纪人佣金数额与商品成交额挂钩，农村经纪人的交易活动若采取私下交易，农村经纪人应该主动缴纳个人所得税。保持经纪人目标与委托人目标的一致性。

6. 沟通信息的岗位职责

农村经纪人应该定期向委托人真实地报告业务进展情况，委托人有权定期索取农村经纪人的经营业务有关资料，双方均应服从国家管理机构的监督与管理。

经纪实例——为服务"三农"奔走田间地头

青海省海东市乐都县农村经纪人充分发挥外联市场、内联农户的中介作用，有效地促进了地方特色农产品的流通。他们帮助当地农户购买优良种子，带回市场供求信息，在农业产业结构调整和农产品流通之

间构建了一个桥梁，满足了农业、农村和农民的发展需求，"给力"三农的作用越来越明显。

乐都县素有"瓜果蔬菜之乡"的美誉，旱地湾的韭菜，长里的瓜，八里桥的萝卜，深沟的蒜……这些特色蔬菜在省内外小有名气，为解决蔬菜销售的难题，乐都县经纪人应运而生。他们活跃在田间地头，奔波于各地市场，通过自己的努力，将乐都县有一定市场影响力的紫皮大蒜、长辣椒、洋芋、韭菜、韭黄等农产品销往省内外。

（二）农村经纪人应遵循的职业原则

1. 合法经纪的原则

（1）交易品种合法　国家为使社会主义市场健康发展，各级政府依法对国内市场交易的内容、品种、流通、交易标准和规则等都做了明确的规定。对于政府法律法规规定不允许他人经营的商品，农村经纪人一律不能进行贸易中介。

（2）中介手段合法　农村经纪人的中介手段也必须合法，所谓中介手段合法，是指农村经纪人在开展经纪业务过程中，经纪人与生产者、经营者之间应该平等地参与竞争。在平等竞争中以优质服务、良好信誉取胜，不能采取"吃请""索贿""行贿"等非法手段，承揽经纪业务；不能勾结、利用黑社会势力夺取经纪业务。对于采取非法手段取胜的现象给予抵制、揭露和斗争。只有这样，农村经纪人才能在经纪市场中逐步树立起良好的形象，才能赢得客户的信赖。

农村经纪人不能参与的贸易中介

1. 国家专控专卖的商品

为了把握经济发展的全局，往往会在某个特定的时期规定一些由国家专控专卖的商品，例如，烟草及其制品、军火、一些稀有金属和贵金属、尖端科学技术等都是专控专卖商品，农村经纪人不能参与这些商品的现货交易中介。

2. 不参与假冒伪劣商品的贸易中介

经营假、冒、伪、劣和有害的商品，是以损害消费者的利益为手段，以非法牟取暴利为目的的违法行为。这类商品的交易，严重破坏了正常的市场秩序，极大地损害了名牌产品的生产经营，坑害了消费者，最终使国家和消费者蒙受重大损失。因此，农村经纪人不仅不要参与假、冒、伪、劣和有害的商品交易中介，而且要配合政府有关部门，与假、冒、伪、劣和有害的商品生产者和经营者作坚决斗争。

3. 不参与走私商品的贸易中介

随着中国改革开放的不断深入和经济全球化的加速，国际贸易往来日益频繁，进入国内市场的国外商品会越来越多。一些不法分子采取内外勾结、官商勾结的手段，逃避检查、逃避关税。因此，从价格上，同样的商品，进口低价"水货"，牟取暴利，冲击国内市场，干扰国内商品生产。为了维护国内市场秩序，维护国家和人民利益。农村经纪人应自觉抵制走私商品的贸易中介。

4. 不参与违禁物品的贸易中介

为了维护国家的尊严，保护人民群众的身心健康，政府规定一些物品不准在国内、国际市场上交易。例如，毒品、淫秽物品、国家重点保护的野生动物、重要文物、洋垃圾等。农村经纪人不要参与这些违禁物品的贸易中介。

2. 促进增产增收、发展农村经济的原则

（1）引领农民进入大市场　农村经纪人应充分发挥自己市场信息灵通、流通渠道广的优势，千方百计地为农民及时提供可靠的市场信息，帮助农民分析市场走势，积极为农民销售商品牵线搭桥；以市场为导向组织农民生产，把农民生产的零星商品集中起来，推向大市场。

（2）推进农村经济结构合理调整　农村经济结构调整需要随市场经济的发展不断升级。因此，农村经纪人要从合理调整农村经济结构出发，结合自己的经纪活动，引导、帮助农民以市场需求为导向，以提高整体生产效益、增加农民收入为主要目的，合理配置资源，充分发挥资源优势，合理调整经济结构，促进农村经济持续稳定发展。

（3）加速农产品和生产资料的流通　由于生产资料的生产、流通、存储及使用等比较复杂，一家一户无论是在选购上还是在使用上，都要耗费很大精力，还难以及时满足生产的需要。而农村经纪人拥有灵通的信息和一定的专业知识，他们可以根据生产需要，及时组织生产资料货源，充当供求之间的中介，及时、足量满足农业生产的各种需要，促进农业生产的稳定发展。

（4）降低成本增加效益，提高农民收入　农民由于精力、财力和个人能力以及生产规模所限，面对千变万化的市场和激烈的竞争，很难把握市场走势、捕捉有利的行情，经常遭遇卖难买难和高进低出。农村经纪人要正确地判断市场走势，帮助农民生产适销对路的产品，规避市场风险，保证农民生产的产品销售有较好价格，农业生产能得到较低价格的生产资料产品，以实现降低成本、增加效益、提高农民收入的目的。

（5）合理配置资源　农村经纪人要以市场需求为导向，广泛开展经纪活动，打破地区封锁、行业分割的局面，促进地域分工和协作，加速人才、技术的交流和传播，使区域内外的自然资源和社会经济条件得到充分的开发利用，人、财、物、技、信五大生产要素得到合理的配置，从而促进区域经济的协调发展。

3. 实事求是的原则

由于利益的驱动，农村经纪人中存在的见利忘义、坑人蒙人的"奸商"行为，严重干扰市场经济秩序，损害农村经济发展，最终也影响自己的形象，阻碍经纪业的发展。因此，农村经纪人在经纪业务中应坚持实事求是的原则，努力做到说实话、办实事。对买卖双方客户都要做到有一说一、有二说二，特别是在产品的品种、规格、质量、用途、可供数量等关键问题上，更需实事求是，不能云山雾罩地胡吹一气。在双方有成交意向时，农村经纪人应帮助双方相互传递必要的信息，协助解决好认证、换文、制定正式文书等手续问题。如果一方条件有变，农村经纪人有责任立即通知另一方，设法妥善处理。新农村经纪人不要对双方承诺办不到的事情，对双方承诺的事情，一定要尽力办妥、办好。

4. 互利互惠、顾客至上的原则

（1）互利互惠　互利互惠是农村经纪人开展经纪活动应有的基本观念。农村经纪人在中介活动中，一方面要帮助商品的供给者即生产方顺利地出售产品，增加收入，用以扩大再生产，产出更多的产品，满足社会不断增长的需求。另一方面，商品需求者也获得了自己生产经营或生活的条件，扩大生产或满足生活需求。农村经纪人本人也获得应有的收入。所以，农村经纪人的中介活动对于买、卖双方和经纪人来说是互利互惠的，参与者三个方面"皆大欢喜"。当然，要做到商贸中介成功，需要三个方面的真诚合作。鉴于农村经纪人在这三个方面中的重要地位，农村经纪人的责任更重要。

（2）顾客至上　农村经纪人主要是通过自己的经纪服务，促使交易双方顺利成交。因此，顾客至上是农村经纪人的基本宗旨，切实做到把顾客的困难，当作自己的困难；把顾客的需要，看作是自己的需要。在具体经纪过程中，应利用各种渠道，尽量多地向顾客传递一些顾客关心的信息和服务，用主动、热情、耐心、周到的服务赢得顾客，与顾客结成稳定的合作伙伴关系；如遇顾客不正确的批评、指责，农村经纪人也尽量不要和顾客辩论、争吵，否则最终很可能失去顾客，导致商贸中介失败。相反，在顾客批评、指责"火"盛时，尽量岔开话题，再慢慢解释，则可能最终赢得顾客。

经纪实例——经纪大市场

黑龙江省"三八红旗手"标兵火箭乡正兰四村村党部支书记刘淑侠，二十年来凭借自己的聪明才智和吃苦耐劳的精神，通过内转外销粮食，闯出一片新天地，为全乡农户增收近200万元，成为远近闻名的女经纪人。她利用这个乡是玉米主产区的优势，带领乡亲们科学种田，靠科技致富。看到农户玉米增产丰收后手中的余粮卖不出去，她东挪西借，凑够了5万元钱，利用自家庭院做起了粮食收购的生意。刚开始，由于市场信息掌握不准，几个月下来，赔了2万多元。生性好强的刘淑侠不服输，她认真总结经验教训，并及时通过报纸、电视、广播了解粮食市场行情。经过努力，一些客商纷纷上门订货。她自己买台小货车，深入到村屯农户家收粮，解决了外村农户送粮的不便。她满载着农户们的玉米向外运粮，返回时又从外地捎回紧俏的货物，避免跑空车。一年下来，运出粮食几千吨，运回货物无数。她靠着一进一出，足足挣了20多万元。她成为带领广大妇女共同致富的领头人。

经纪实例——越做越大的经纪活儿

学习国际贸易的朱骏孺从上海大学毕业后并没有选择留在繁华的大都市进大公司,而是回到了家乡——义乌农村,跟着父亲干起了农村经纪人。老朱说:"农村经纪人实际上就是一手拉着商品市场,一手拉着农户,从市场上把缺人干的活承揽下来,再到村里分发给缺活干的农户。大多农民出身的农村经纪人只会用口头协议和简单的订货单,在交货和结账时经常发生纠纷,而且很难直接与国内外大客户联系,导致加工产品的利润很低。如果办了公司,有了出口权,那我们的利润一下就会翻好几倍。"现在有了自己公司的朱骏孺为了扩大经纪业务,为产品出口做准备,已经和父亲一起在村里建起了集中加工点,为近百个农户提供统一的生产加工设备。

二、农村经纪人的素质要求

办法怎么找?

天津大港中塘镇大安村是个盛产雪桃、冬枣的专业村,在周边乡村纷纷发展雪桃、冬枣的情况下,该村雪桃、冬枣的销售遇到难题。面对困难,大安村韩国利等几位经纪人及时分析市场情况,运用所学销售知识,在村内原有公路两侧自发市场的基础上,制作大幅标语广告,加大宣传力度,同时改进雪桃、冬枣的特色包装,联系旅游团来果园采摘,进一步巩固、拓宽了销售市场,使得全村所产雪桃、冬枣供不应求。

农村经纪人在其营销过程中,不仅丰富了区域农副产品市场,而且扩大了农副产品交易规模。农村经纪人若想把自己的经纪业务做强做大应懂哪些知识呢?

（一）道德素质

1. 诚实守信

农村经纪人在引线搭桥中介服务过程中，要以"诚信为本"，不可欺瞒客户，要诚实待人，信守承诺。

2. 合义取利

农村经纪人要在道德规范之下"合于义则取利"。古时说的"见利思义""义而后取"也是应该遵循的道德标准。

3. 富好行德，报效国家

农村经纪人在致富后，应该周济贫者，报效国家。农村经纪人要正确处理自己与国家之间的关系，祖国的利益高于一切。

经纪实例——诚信，金牌经纪人的秘诀

2012年夏季，广西武鸣县广大农村地区的农民不用再担心"卖出难"的问题，因为他们有了能帮助他们的特殊人才——专门从事农副产品销售的农村经纪人。陆民生是这些经纪人的其中一员，也是当中的佼佼者。自1995年以来，他一直专心做农副产品销售的经纪人，在农业生产和市场销售之间搭起稳固的"桥梁"，帮助农民把农产品销售出去。

如今，陆民生的大名不仅当地人知道，连河南、安徽、湖南、广州等地的客商都公认他为"金牌经纪人"。"你相信人家，人家也会相信你！"当记者好奇地问起陆民生成功的秘诀时，他的话语简单又朴实，总而言之，就是"诚信"二字。"陆老板的茄子苗很畅销，回头客也很多，常常供不应求，因为我们都很信任他。"陆永宁边忙边说，他前一周已预订1 300株茄子苗，现在只拿到600株，过几天等货到后，再把剩下的700株拉回去。"陆老板是个诚实守信的人，他一定不会拖欠我预订的茄子苗。""那时我问陆老板种什么价钱高，他肯定地告诉我：'种指天椒！'"城厢镇的王先生告诉记者，刚收购时，指天椒卖22元/千克，现在是7元/千克，从始至终，农民都有赚头。

经纪实例——经纪致富，不忘乡情

四川省泸州市叙永县马岭镇高店村7组的罗学是第十届全国"创业之星"，她养的乌骨鸡，2012年出栏鸡苗6万余只，出栏商品鸡2万余只，产值达80多万元。致富成功的罗学，没有忘记自己的父老乡亲，她成立了"原野畜禽养殖专业合作社"，吸纳周边两河、水尾、观兴等7个乡镇的153户农民加入养殖队伍，并提供鸡苗、技术指导、销售渠道等服务。在她的带动下，众多的养殖户每年能收获5万至50万不等的效益，不仅做大做强了该县"枧槽乌骨鸡"品牌，而且还把山区红苕藤等青饲料变废为"宝"。

（二）专业素质

1. 经济学的有关知识素养

（1）农产品知识　由于农村经纪人的业务主要与各种农产品密切相关，要在市场中求发展，要和交易双方进行沟通等，就必须通晓这方面的知识：一是农产品涉及的范围非常广泛，而且随着市场经济的发展，农产品细分化的趋势愈加明显。经纪人应根据自己的实际情况有针对性地掌握自己所经纪的农产品的分布范围、品种类别、等级鉴定、市场价格、总体数量等相关内容，做到心中有数。二是经纪人应该成为某一项农产品领域的专业人士。如农产品大都有保质期限问题，怎样去包装、储藏、运输才可以使农产品保持品质；对农产品如何去分辨优劣、怎样鉴定等级，具体的质量要求指标怎么掌握等。经纪人应掌握这些问题的处理方法，使自己的经纪工作顺利进行。

（2）市场营销知识　市场营销是个人或群体通过创造并同他人交换产品和价值来满足需求和欲望的一种社会管理过程。它从市场经济的环境、消费者购买行为来分析，确定营销的最佳组合方案。农村经纪人可通过市场调查，了解消费者的需求和生产状况，了解各地市场的需求状况，成功地促使交易完成。

（3）经营管理知识　经纪人提供的虽然是中介服务，但整个经纪活动中蕴涵着丰富的经营管理思想。经纪活动不是简单地联系农产品供需双方，而是一系列的经营活动。在这个活动中，需要经纪人了解市场需求，掌握农产品的采购、销售的若干方法；能根据实际情况对农产品发展趋势作出合理的判断与预测；对农产品成本作出正确的核算。从经纪人本身的发展着眼，如何运作整个经纪队伍，同样需要经营管理知识的帮助。

（4）财务会计知识　农村经纪人在具体的业务活动中，不仅要核算自己的经营成本、利润等问题，还要给交易双方提供农产品成本、利润等相关咨询服务，掌握财务会计知识是必要的。

2. **心理学的有关知识素养**

心理学是研究人的心理规律，即认识、情感、意志等心理过程和能力、性格等特征的规律的学科。要掌握社会心理学、发展心理学、管理心理学、消费心理学、农民心理学等知识。这些是做好买卖双方心理沟通的重要工具。

3. **农村社会学的有关知识素养**

农村社会学是研究农村社会结构、农村社会关系及农村社会发展的社会学分支学科。一般从以下三个方面来研究：农村经济社会结构方面（如农民、农业和农村研究，即"三农"研究；农村人口研究，包括计划生育、人口构成、人力资源的研究；农村社会保障研究）；农村社会变迁方面的研究（如农村现代化研究、农村工业化和农村城镇化研究）；"三农"问题方面的研究（如乡镇企业产权变革问题、农村经营规模问题），若掌握了农村社会学的精义，农村经纪人在从事业务或社会生活中就会如鱼得水。

4. **法律方面的有关知识素养**

在现代社会中，人们的任何社会活动都不能超越国家法律的限制。法律是指导人们行为的基本准则。作为一名农村经纪人，在中介交往和其他社会交往中，必须具备一定的法律知识，才能使工作在情理和法制的轨道上进行。它一般包括民法、专利法、商标法、经济合同法、税法等。随着国家经济体制改革的深入发展，规范经纪人的法规，如《居间法》《交易所法》也将颁布。农村经纪人将依法从事经营业务，依法纳税，依法交费。

5. **农村企业公共关系学的相关知识素养**

农村企业公共关系学是一门现代管理科学，它是指农村企业为塑造良好形象，有计划、有步骤地与内部公众和外部公众沟通的学科。企业良好的形象能为企业带来无穷无尽的效益。农村经纪人在经营活动中，必定会与农村社会各方面发生广泛的联系，掌握农村企业公共关系知识，有了一定的公共关系实务和技巧，将有助于塑造经纪人企业的良好形象，有助于了解买卖双方的观点、意见，有助于自我判断的形成。从而达到经纪业务过程的科学化。

6. 人际交往的相关知识素养

农村经纪人的工作性质、工作特点决定了其必须进行广泛的大量的人际交往。要做到在人际交往中正常、顺利地交流信息和感情，就需要学习相关的人际交往知识。人际交往知识包括：仪容服饰，日常交往礼仪，谈话、倾听、体态语与礼仪等。

7. 其他科学文化知识素养

广博的科学文化知识是一名成功的农村经纪人不可或缺的素质。农村经纪人如果知识范围广博，内容丰富，语言流畅，分析深刻，就会提高他在买卖双方心目中的地位，从而提高知名度、信誉度、美誉度。

（1）经济地理知识 农产品的地域性很强，而且我国幅员辽阔，农产品种类丰富多样。作为农村经纪人应掌握农产品的分布概况、具体产地、交通状况等基本地理知识。必要的时候，还要对国外相关的农产品分布情况加以了解和熟悉，以扩大经纪空间。

（2）信息技术应用知识 在信息社会，掌握信息是非常重要的，能熟练地运用获取信息的工具同样也很重要。农村经纪人常年居住在乡村，信息传递时常有一定的困难。所以，农村经纪人必须克服不利的客观条件，不断学习掌握现代信息技术知识及手段，使自己在最有利的时间内掌握最新的信息，这样，才有可能走在市场的前面。

辽宁阜新化石戈乡的农村经纪人老江，有一天在网上看到种植中药效益好，收入稳定，她多方联系，先后五次到某药材市场进行考察、洽谈，最后与某药材公司达成合作意向。四川苍溪县龙山镇农村经纪人老赵，利用信息网上交流和农产品网上远程交易，先后组织销售经济苗木1亿多株，水果2万多吨，总成交金额达1亿多元。

（3）谈判知识 在市场经济活动中，谈判是不可缺少的一项内容。经纪人在做经纪业务时，也需要用谈判的手段来解决诸多问题和争端。通晓谈判程序、掌握高超的谈判技巧对于一个农村经纪人来讲是至关重要的。

经纪实例——摸透消费者的心理

芦荟排毒胶囊的成功其实就来自明确的炒作,芦荟排毒胶囊没有采取名人炒作的方法,而是采取借助其他产品的名气来加强自身市场实力的名牌炒作方法。直接把其他产品的客户变成自己的客户。

当时,在排毒保健品市场中,"排毒养颜胶囊""排毒将军"等产品通过大量的前期造势和市场培育,在排毒保健品市场中树立了品牌领袖的形象。如果采取直接跟进的方法,就只能做一个跟随者,很难获得更大的利润,更不用说成为"排毒"市场中的王者了。

芦荟排毒胶囊采取的是从高端杀入、抢占制高点的方式,运用概念炒作的方法,站在其他品牌的肩膀上去摘取冠军。

由于当时"排毒养颜"已经是大家耳熟能详的概念了,芦荟排毒胶囊就提出了"深层排毒"的概念,对概念进行深层次的挖掘。这样,原本流行的"排毒养颜"概念轻而易举地被芦荟排毒胶囊甩在了身后。

接着,芦荟排毒胶囊使出了另一个绝招:消费者可凭任何品牌的排毒产品的空盒,换取芦荟排毒胶囊试用装一袋。如果说概念炒作是对顾客进行的一种空泛的心理影响,那么"品牌空盒换芦荟"则是直接而实际的心理入侵。这一招使出后,大量排毒保健品的使用者迅速被吸引。经此一战,芦荟排毒胶囊迅速占领了市场,成为新一代的排毒保健品的领头羊。

很显然,任何生意和买卖都不可能是纯粹的商业行为,如果不能迎合消费者的心理,那么人们对于此种商业王牌的认可度就不会提高,生意也就做不下去了。而以名气、权威等概念炒作的商业行为则可以弥补消费者的心理需要,赢得消费者的响应与支持。

经纪实例——经营好人脉，做好经纪

吴川文化界人士认为，一个称职的文化经纪人要懂演出，而且要对这个地区相当熟悉。这句话说起来容易，实际上是需要相当时间的积累的，包括人际关系。农村文化经纪人的心中有一本活地图，哪村什么时候是"年例期"或"诞期"，紧接着的又是哪一村，他们都能如数家珍。甚至哪个村喜欢看喜剧，哪个村喜欢看悲剧，喜欢文戏还是武戏，他们都了如指掌。外地来的剧团想在当地立住脚，不靠农村文化经纪人很难搭台唱戏。

（三）身体素质

对于农村经纪人而言，买卖双方可能在同一个城市，也可能处在不同的省市、地区，经纪领域有很强的地域性，需要走村串户，往返于城乡之间，甚至翻山越岭、跋山涉水，会消耗大量的体力和精力，再加上农村经纪人在交易中所处的特殊位置，经济利益容易受到损害，身体的疲劳和精神上的压力会使经纪人不堪重负。因此，健康的体魄、旺盛的精力是农村经纪人必须具备的身体素质。

河南土特产

原阳大米、新郑大枣、开封西瓜、杞县及中牟大蒜、信阳毛尖、确山板栗、洛阳樱桃、郑州蜜桃、南阳月季、西峡猕猴桃、灵宝苹果、林县山楂、内乡山茱萸、西峡琥珀、洛阳牡丹、民权葡萄、永城辣椒、鄢陵花卉、焦作四大怀药等。

三、农村经纪人的能力要求

 案例导入

把信息变成经纪"利器"

中原地区有经济头脑的经纪人，了解到新疆维吾尔自治区棉花种植面积大，收棉花时间需要大量的劳动力，而农村劳动力少，收获棉花时必定忙不过来这一情况后，就与河南省有关部门和农户联系，确定劳动力需求的数量，组织闲散的劳动力到新疆维吾尔自治区收棉花，既解决了棉花产地对劳动力的需求，又增加了河南省农民的收入。

以上案例说明了什么？作为经纪人应具备什么能力？

农村经纪人应具备的"十大能力"：

| 创造力 | 农村经纪人在从事经营业务时，会遇到这样那样的特殊问题，优秀的农村经纪人善于对经纪的经验和概念加以综合，逻辑推理，优化组合，构建出全新的解决方法。 |

| 理解力 | 农村经纪人要提高理解力，要对事物仔细观察，对买卖双方情感加深认识，对委托人、购买人行为的全面领会以及对社会运行规律的体察很重要。只有这样，农村经纪人才能在随时处于人、财、物交叉及其平衡——失衡——再平衡的过程中取得成功。 |

| 判断力 | 判断力的提高要求新农村经纪人必须尽量掌握种种情报和信息，而且要有客观的、冷静的、全面的分析，作出判断，并及时对断定作出相应的应对行为。 |

能力	说明
应变力	农村经纪人在经营过程中，要受到各种因素的制约，随时都会有偶发事件的发生。提高应变能力就要求农村经纪人应该灵敏掌握信息反馈，及时处理不测事件，使经营活动或朝着既定目标继续发展，或果断刹车、改变目标，提出新的要求。
社交能力	农村经纪人要懂得社交中的各种不同的礼仪、不同的习惯、不同的风俗，要掌握不同接待和应酬的方式，敏锐观察交际范围中不同人群的需求，提供恰如其分的服务。
调查研究能力	为提高调查研究能力，要求农村经纪人对供方的产品质量、价格、售后服务、信誉保证等进行调查登记；还要对需求方的需求细目进行调查登记，并及时把供需双方进行细目对接，提出不同的供应方案，让需求方选择认同，使双方在交易中受益。
表达能力	为提高表达能力，要求农村经纪人不仅有口才，而且要有文才。这就要求经纪人：一要多练习。在为买卖双方牵线搭桥时，提高书写居间合同等文字水平，以及接待、应酬的说话水平。二要多总结。对每一次中介服务成功后，认真总结积累文才、口才的经验。三要拜师学艺。认真向有经验、有成就的经纪人员学习文才和口才。
谈判能力	为提高谈判能力，农村经纪人要善于控制自己的情绪，要善于分析信息、掌握时机、运用技巧，驾驭事态的发展。
忍耐力	为强化忍耐力就要求农村经纪人要有耐心和等待的能力，自身适应环境变化的能力。与交往对象的沟通以及谈判的进程不可操之过急，要求在沟通过程中有涵养、有毅力。要求在处理意外困难和挫折时有智慧，表现出一种临危不惧的情操。

幽默能力

幽默能力绝不仅仅是博人一笑，它能润滑人际关系，去除忧虑愁闷，提高生活情趣。为提高幽默能力，农村经纪人要有随机应变的方法，诸如开个玩笑，来点幽默，消除误解，疏通阻碍，巧妙摆脱困境。要学会肢体语言，一个恰当的手势，比义正词严的论争要有效得多。

经纪实例——瞅准商机做经纪

山东青岛即墨市岙山卫镇院上村的养花大户刘元山，参加农产品经纪人培训之后，开阔了视野、转变了观念，他瞅准青岛海滨大道绿化建设商机，与工程有关人员取得联系，一次性推介苗木10万多株。他在推销花卉苗木中被花卉种植户公认为可信赖的"花经纪"，不仅为本村的花卉苗木找到了出路，也把周围村庄的苗木销售了出去。

四、农村经纪人的业务技能要求

案例导入

西瓜为什么这么难卖？

2013年炎炎夏日，正值西瓜销售旺季，然而开封市杏花营镇的瓜农却怎么也高兴不起来，卖不出去的西瓜成了他们心里沉甸甸的包袱。在杏花营西瓜批发市场里，西瓜的价格每斤1毛多钱，稍微小一些的西瓜甚至几分钱一斤。即使这样，大量的西瓜还是卖不出去，瓜农们一片抱怨声。无独有偶，近来"瓜贱伤农"的新闻在各地频频爆出。蔡晓军是杏花营西瓜批发市场的资深经纪人，他有着10多年的西瓜销售经验，手里有一大批全国各地的客商。为何今年的西瓜销售市场行情如此惨淡呢？究竟是什么原因导致的？

农村经纪人在农村市场经济发展中起中介作用，牵线搭桥，穿针引线。为了保证中介经营的信誉，提高商品成交，增强委托方对经纪人的信任感，使业务获得充分的发展，农村经纪人经纪要掌握一定的业务技能（本节只讲初级的业务技能）。

（一）市场信息采集与分析

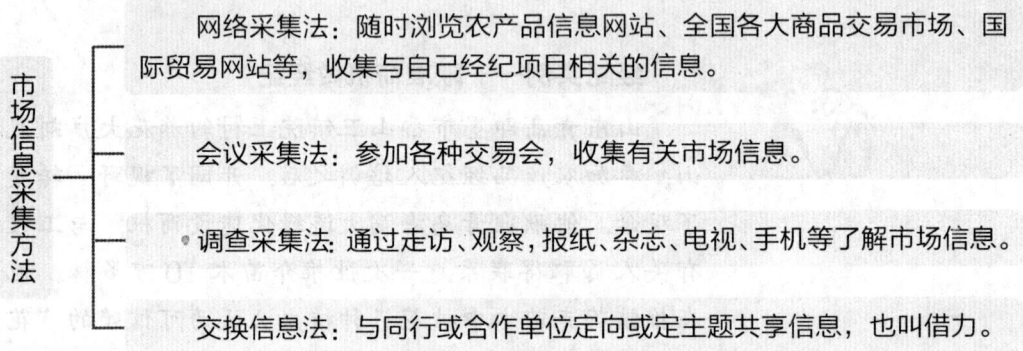

市场信息采集方法
- 网络采集法：随时浏览农产品信息网站、全国各大商品交易市场、国际贸易网站等，收集与自己经纪项目相关的信息。
- 会议采集法：参加各种交易会，收集有关市场信息。
- 调查采集法：通过走访、观察，报纸、杂志、电视、手机等了解市场信息。
- 交换信息法：与同行或合作单位定向或定主题共享信息，也叫借力。

农村经纪人要既能采集所经营的农产品市场信息、所经营农产品的质量、品质及供求状况，又能对采集的市场信息进行初步分析。例如，海南省有关部门从报纸上看到广东省压缩冬菜面积的报道，就组织菜农扩大北运菜的生产，由此增加了农民冬季的收入。

（二）建立客户与谈判订约

掌握与客户沟通的基本技巧和所经营农产品的相关知识，能根据市场供需情况找到客户，并能回答客户提出的所经营农产品的价格、质量、等级、规格等问题。

掌握客户的心理常识，能把握客户的心理活动，能以口头方式表达合作意向。

（三）产品鉴别及等级评定

- **粮食品级鉴别**：了解国家粮食政策和有关粮食收购的标准，能合理取样。能应用感官、简单工具对抽取的样品进行品种鉴别及定级。

- **果蔬及花卉品级鉴别**：
  - 掌握所经营的果蔬及花卉的品种、质量、等级的一般知识，能对所经营果蔬及花卉分类，能合理取样。
  - 掌握所经营的果蔬及花卉的鉴别方法及规格质量标准，能应用感官、简单工具对抽取的果蔬及花卉样品进行品种鉴别和定级。

- **林产品品级鉴别**：能合理取样。能应用感官、简单工具对抽取的样品进行品种鉴别及定级。

- **畜禽产品品级鉴别**：
  - 掌握所经营的畜禽的产地、品种、特性，能鉴别畜禽品种，识别健康或是有病的畜禽。
  - 掌握畜禽肉的质量等级标准，能鉴别肉的质量及等级。
  - 掌握畜禽副产品的性状、特点、质量标准，能应用感官、简单工具对抽取的畜禽副产品样品进行品种鉴别及定级。

- **水产品品级鉴别**：掌握所经营水产品的产地、品种、质量、等级的有关知识，能识别所经营水产品的种类、能感官判断所经营水产品的鲜活程度。能应用感官、简单工具对抽取的样品进行品种鉴别及定级。

- **其他农副产品品级鉴别**：合理取样。应用感官、简单工具对抽取的样品进行品种鉴别及定级。

经纪实例——实打实的经纪人技能培训

河北省柏乡县国家粮食储备库为加强对粮食经纪人的培训工作，提高粮食经纪人的业务素质和政策水平，增强员工执行国家质量标准和粮食政策的自觉性，采取了三项措施：一是在新麦上市前，该库分三批对粮库的所有粮食经纪人进行了小麦质量价格政策的培训，教员工如何区分小麦品种，如何确定等级，怎样辨认不完善粒，小麦的等级价差、品种价差是怎样规定的等。二是印发宣传资料。对于国家粮食政策等重要内容，除了口头讲解外，还给他们印发文字资料。三是现场培训。每个与粮食经纪人打交道的粮库员工都是义务宣讲员、义务培训员，收粮现场的入库验质过程，就是对农村粮食经纪人最直接的培训。

（四）农产品储运

掌握所经营农产品的仓储知识，能对所经营农产品进行储存、保管和养护。

掌握所经营农产品的运输安全知识，能安全地将所经营的农产品运送到目的地。

农产品运输"绿色通道"

从2010年12月1日起，全国所有收费公路（含收费的独立桥梁、隧道）全部纳入鲜活农产品运输"绿色通道"网络范围，对整车合法装载运输鲜活农产品车辆免收车辆通行费。另外，马铃薯、甘薯（红薯、白薯、山药、芋头）、鲜玉米、鲜花生也列入了鲜活农产品品种目录。

单元三
农村经纪人经纪技巧

单元提示

1. 市场调查的程序，掌握市场调查的方法。
2. 信息的类型，掌握信息收集、整理与利用的基本方法。
3. 谈判的程序，掌握商务谈判的技巧。

一、市场认知

案例导入

如何盘下这家养鸡场？

张先生继承了父亲的养鸡场。养鸡场规模中等，位置在一座大城市的近郊，养鸡场的附近就是产粮区，交通也十分便利。张先生的养鸡场占地50亩，其父在10年前购置土地时每亩只花了30万，现在地价至少升了3倍。其父还在五年前趁生意红火的时候花费近200万元更新和添置了全套养鸡设备，这些设备目前仍在运行中。根据估算，张先生的存栏鸡、办公房及办公设备、检测设备值700万元。

张先生的专业是IT，一直经营着一家生意不错的IT公司，因为他是家里的独子，父亲离世后他不得不接下这家养鸡场。在经营养鸡场的三年中，张先生焦头烂额。因为不懂养鸡，也对养鸡不感兴趣，张先生的养鸡场一直赔钱。养鸡场的业务占去了他大部分时间和精力，也影响

了他IT公司的业务发展。张先生有意将养鸡场以合适的价格尽早盘出去，以便他能用全部精力经营他的IT公司。有几家房地产公司看中了养鸡场的地皮和位置，想把它开发成房地产项目，这些房地产公司资金实力雄厚，他们的出价也不低。房地产公司在社会上和政府部门有着广泛的人脉关系，他们正利用各种渠道想各种办法做张先生的工作。但有件事张先生非常在意，养鸡场的很多职工是跟其父亲打拼多年的老部下。张先生不愿因养鸡场的转让而让这些职工失去工作和生活来源，因此，张先生希望买下养鸡场的人能继续把养鸡场办下去，为此他宁可少收些鸡场转让费。

假如你是经纪人，要和张先生打交道，又要和房地产商打交道，撮合两者，一个愿卖，一个愿买，试分析：

1. 你和张先生谈判前，你必须弄清楚养鸡场的哪些主要情况？
2. 和房地产公司相比你的优势和劣势是什么？
3. 在你和张先生谈判时你会从哪些角度、使用哪些策略和方法来说服张先生愿意将养鸡场转让给你？你有哪些潜在的资源可以利用来帮助你说服张先生？

（一）什么是市场

1. 市场的含义

市场的含义需要从两个方面去理解，狭义上的市场是买卖双方进行商品交换的场所。广义上的市场是指为了买和卖某些商品而与其他厂商和个人相联系的一群厂商和个人，是由一切具有特定需求和欲望，并且愿意和能够通过交换的方式来满足需求和欲望的顾客构成的。

市场起源于古时人们对于固定时段或地点进行交易的场所的称呼。这个场所是交易双方为了减少搜寻成本而形成的，在此，人们可以提供货物以及买卖服务，方便人们寻找自己所需要的货物以及在市场上寻找潜在的合作者接洽生意。

随着经济的发展，市场的含义也进行了进一步的扩充，社会交往的网络虚拟化日益深入，也使得市场不一定是真实的场所和地点，当今许多买卖都是通过网络来实现的，形成了网络虚拟市场，例如，中国最大的电子商务网站淘宝网就是提供交换的虚拟市场。越来越多的人选择在网上达成交易。

市场是社会分工和商品经济发展的必然产物，同时，市场在其发育和壮大过程中，也推动着社会分工和商品经济的进一步发展。市场通过信息反馈，直接影响着人们生产什么、生产多少以及上市时间、产品销售状况等。联结商品经济发展过程中产、供、销各方，为产、供、销各方提供交换场所、交换时间和其他交换条件，以此实现商品生产者、经营者和消费者各自的利益。

2. 市场的类型

（1）消费品市场　消费品市场又称最终消费者市场、消费者市场或生活资料市场，是指为满足消费者自身需要而进行购买的一切个人和组织构成的市场，是市场体系的基础，是起决定作用的市场。消费品是社会的最终产品，它不需要经过生产企业再生产和加工，便可供人们直接消费。消费品市场非常广阔，购买人数多而分散，因为消费者在年龄、性别、民族、地理区域、收入等方面的差异，也导致消费者对消费品的需求千差万别，不同的需求使得消费品供应具有广泛性和复杂性。在整个市场结构中，消费品市场占重要地位。它的发展，直接或间接地影响着工业品市场的发展及整个社会经济的发展。

我们生活中常见的农副产品综合市场、粮油市场、肉类市场、禽蛋市场、水产品市场、蔬菜市场、果品市场、农副产品专业市场、针纺织品市场、服装市场、家用电器市场、图书市场等均属于消费品市场。

（2）生产资料市场　生产资料市场是市场体系的组成部分，是人们交换物质资料生产过程中所需要使用的劳动工具、劳动对象等商品的市场。生产资料是指人们在生产过程中所使用的劳动资料和劳动对象的总和，包括未经人类劳动加工的自然资源，如土地、森林、河流、矿藏等；也包括经过人类劳动加工的劳动对象和劳动设施，如原材料、能源、机器、厂房等。生产资料是构成生产力的物的要素，生产资料市场是实现社会再生产的前提条件。因此，开拓生产资料市场对促进整个国民经济的发展具有重要意义。

生产资料市场又可以分为工业生产资料市场和农业生产资料市场。

工业生产资料市场主要指进行各类工业生产所需的物质要素交换的市场。经过生产加工能够转化为产品的物质要素的市场称为直接工业品市场。

这些物质要素包括原料、半成品、零部件等。用于加工和生产产品的物质要素的交换市场称为间接工业品市场。这些物质要素包括主要设备，如厂房建筑、交通运输工具、电子计算机、重型或大中型机械设备等；次要设备，如工具、模具、小型电机等。

农业生产资料市场则是指进行农业生产所需的物质要素交换的市场。包括：农业机械设备、中小农具、半机械化农具、种子、化肥、农药、耕畜等。

我们生活中常见的石油（成品油）市场、煤炭市场、木材市场、建筑装饰材料市场、五金工具市场、农机配件市场、化肥市场、农药市场、种子市场等都属于生产资料专业市场。

（3）生产要素市场　生产要素市场是在生产经营活动中利用的各种经济资源的统称，一般包括土地、劳动力、资本、技术和信息等。市场经济要求生产要素商品化，以商品的形式在市场上通过市场交易实现流动和配置，从而形成各种生产要素市场。

生产要素市场的培育和发展，是发挥市场在资源配置中的基础性作用的必要条件。市场体系是一个不可分割的有机统一体，由各种相对独立的商品市场和生产要素市场形成。市场体系不仅包括静态的商品、资金、技术、劳务、信息、房地产等各类市场的统一，也包括动态角度上各类市场及其构成的统一体运动、变化、发展的运行机制和管理调控机制。

随着我国市场经济体制的确立和发展，我国的商品市场也日益完善，市场功能日趋扩大。资金、技术、劳动力、信息、房地产等渐渐地在市场上交易，并由此发展成了金融市场、科技市场、技术市场、劳动力市场、信息市场、房地产市场等。这些就是生产要素市场。

3. 市场的要素

市场是由各种基本要素组成的有机结构体，正是这些要素之间的相互联系和相互作用，决定了市场的形成，推动着市场的现实运动。可从宏观和微观两个角度考察，对企业而言，更具有直接意义的是微观市场的研究。微观市场的构成包括以下要素：

（1）人口　人口是构成市场的最基本要素，消费者人口的多少，决定着市场的规模和容量的大小，而人口的构成及其变化则影响着市场需求的构成和变化。因此，人口是市场三要素中最基本的要素。卖方向市场提供一定量的商品后，还须寻找到既想买又有能力买的购买者，否则，商品交换仍无法完成，市场也就不复存在。

（2）购买力　购买力是人们支付货币购买商品或服务的能力，是构成现实市场的物质基础。人们的消费需求是通过利用手中的货币购买商品实现的。在人口状况既定的条件下，购买力就成为决定市场容量的重要因素之一，购买力的高低决定了市场的大小。一般情况下，购买力受到人均国民收入、个人收入、社会集团购买力、平均消费水平、消费结构等因素的影响。一定时期内，消费者的可支配收入水平决定了购买力水平的高低，这也使得购买力成为市场三要素中最本质也最现实的要素。

（3）购买欲望　购买欲望指消费者购买商品的愿望、要求和动机，是由消费者心理需求和生理需求引发的，它是把消费者的潜在购买力变为现实购买力的重要条件。产生购买欲望是消费者将潜在购买力转化为现实购买力的必要条件。倘若仅具备了一定的人口和购买力，而消费者缺乏强烈的购买欲望或动机，商品买卖仍然不能发生，市场也无从现实地存在。因此，购买欲望也是市场不可缺少的构成因素。

市场的这三个要素是相互制约、缺一不可的，它们共同构成微观市场。

市场的一些特点

1. 自发性

市场是在其发展过程中，因为交易的产生，而使得买卖双方自发地聚集形成的，不需要机构来组织，而是由居民的消费习惯、消费便利等因素自发形成的，比如一些农村地区的集市等，充分体现了其自发性。

2. 有序性

市场虽然是在居民自发的状态下形成的，但是在交易的过程中也充分体现了有序性，再加上政府适当的引导和管理，大家都共同遵守的市场规则，充分保证了市场的有序性。市场有序性能保证平等竞争和公平交易，保护生产经营者和消费者的合法权益。

3. 聚集性

因为在一个集中的地方或者场所便于交易的达成，这也形成了市民自发的聚集。不仅使消费者在商品的价格、品种、服务上能有更多的选择，也使企业在购买生产要素和销售产品时有更好的选择。

4. 竞争性

竞争性是指各经济主体为了维护和扩大自己的利益而采取的各种自我保护的行为和扩张行为，努力在产品质量、价格、服务、品种等方面创造优势。市场上各方参与者毕竟会为了各自的利益进行竞争，充分的市场竞争，会使经济活动充满生机和活力，也让消费者有更多的选择。

（二）怎么做市场调查

1. 什么是市场调查

市场调查就是指运用科学有效的方法，结合自身的需求，有针对性地、系统地收集、整理市场信息和资料，分析市场情况，以了解市场的现状及其发展趋势，为市场预测和企业决策提供客观、准确、及时的资料的活动。

2. 市场调查的内容

市场调查的内容很多，有市场环境调查、市场基本状况调查、销售可能性调查、消费者及消费需求调查、企业产品调查、影响销售的社会和自然因素调查等。企业因其自身的产品不同，所面临的市场竞争不同，调查的主题和内容也不尽相同，企业可以根据自身实际，结合市场消费目标，开展市场调查。

顾客满意度	这是对已经上市产品的调查，用来测量一家企业或一个行业在满足或超过顾客购买产品的期望方面所达到的程度。顾客满意度可以很好地评估出企业提供的产品和服务是否让消费者感觉到满意，这对企业在不同阶段了解消费者态度的变动趋势有很大的帮助，也可以帮助企业进一步发掘出有价值的顾客群体并进行有针对性的细心维护。

消费需求：这是对消费者潜在需求的摸底调查，通过对竞争对手的用户和自己的用户进行研究，可以帮助企业摸清消费者的消费需求变动趋势，挖掘消费者的潜在需求，以服务并满足于消费者的需求为目标，促使企业采取更好的服务策略为产品和服务的创新奠定坚实的基础。

竞争动态：在市场经济条件下，企业会首先顾及各自的利益，为了取得较好的产销条件、获得更多的市场资源，企业需要对竞争对手的产品和服务进行研究，摸清竞争者的一些营销战略、战术，以及营销政策、产品优劣势等，以便为企业在进行决策时提供强有力的依据。

市场环境：对企业而言，市场环境调查包括政治、经济、社会文化、法律等内容，这基本上属于不可控制的因素，对企业的生产和经营会产生巨大的影响。每一个企业都必须对环境因素及其发展趋势进行深入细致的调查研究。一般必须对目标市场进行诸如国家政策、地方政策，特别要对工商、行业监管部门、传播媒体、社区管理等市场环境进行充分调查。

渠道调查：渠道调查是市场调查中的重要环节，由于通常缺乏足够的统计数据，渠道调查很困难，但仍然可以进行。渠道调查一般主要对目标市场进行经销商网络、零售商网络等渠道进行充分调查，以确定自身产品的渠道方向、渠道政策。

3. 市场调查的步骤

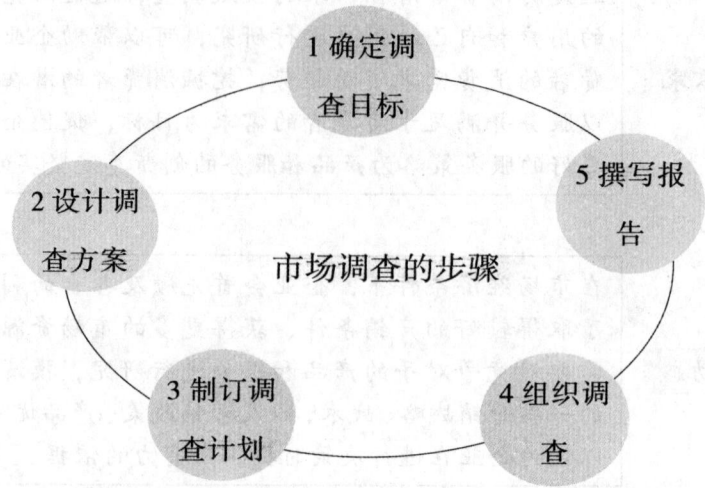

（1）确定调查目标　企业在进行市场调查的时候，要明确市场调查的目标，知道自己想调查什么，获得什么信息，这样才能为之后的调查提供详细的方向和目标，确保之后的调查会更加有针对性和目的性。按照企业的不同需要，市场调查的目标有所不同，企业实施制定和实施公司战略时，必须对宏观市场环境的发展变化趋势进行详细的调查，尤其要调查企业所处行业的未来发展形势；企业在制定和实施市场营销策略时，要对市场需求、市场竞争、消费者购买行为和营销要素等情况进行详细的调查；当企业在经营中遇到了问题，出现业绩下滑、市场占有率下降等问题时，应针对存在的问题和产生的原因进行市场调查，来综合分析问题所在，以便提出解决和改进方案。

（2）设计调查方案　在确定了调查目标之后，企业应该围绕着目标的实现来制订完善的详尽的调查方案，以确保之后的调查能按部就班地顺利进行。一个完善的市场调查方案一般包括以下几方面内容：

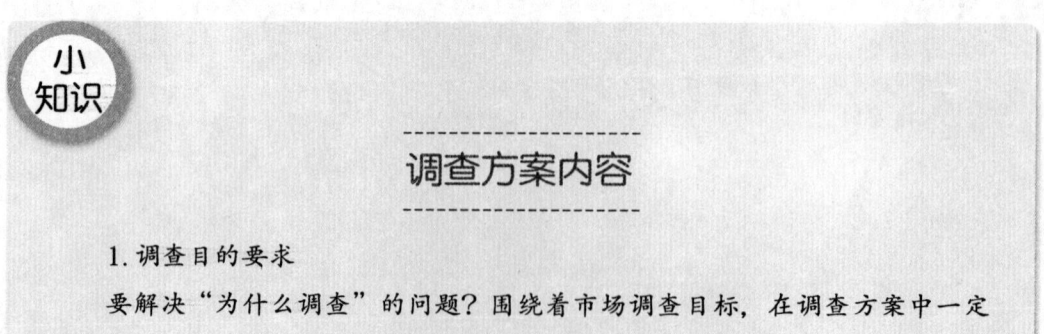

要明确市场调查具体的目的要求。如本次市场调查的目的是为了了解市场上的消费需求，消费者的偏好及消费习惯，或者消费者对品牌的接受度等。

2. 调查对象

要解决"调查谁"的问题。市场调查的对象一般为中间商和终端消费者。包括消费者、零售商、批发商等，零售商和批发商为经销调查产品的商家，消费者一般为使用该产品的最终使用者。若以终端消费者为调查对象，在调查的时候就要注意产品的购买者和使用者不一致的现象，如对婴幼用品使用的调查，其调查对象应为孩子的父母，而不是使用者本身。对于某些针对某一特定消费群体或侧重于某一消费群体的产品，调查对象应选择其主要消费群体，如对于老年服装，调查对象主要选择老年人；对于电子类产品，其调查对象主要为年轻人。

3. 调查内容

要解决"调查什么"的问题。调查的内容是收集资料的直接依据，要根据调查的目的确定调查内容。如调查消费者对于农产品安全的态度时，可按消费者购买地点、购买方式、购买后的评价等方面列出调查的具体项目。调查内容要全面、具体、可操作，且易于被调查者接受，条理要清晰、简练，避免面面俱到、内容过于繁杂，不要把与调查无关的内容列入其中。

4. 调查表

调查表是进行市场调查的基本工具，调查表的设计质量也会直接影响到市场调查的质量。所以在设计调查表的时候要尽量围绕市场调查的目标进行，将调查表设计得美观大方，易于让被调查者接受。

5. 调查区域

要解决"在哪儿调查"的问题。调查的区域涵盖企业产品的销售区域，或者选取其中某一有代表性的区域进行抽样调查。当在某一区域做市场调查时，调查范围应为整个城市；但往往受制于调查的工作量太大、样本数量有限等因素，调查范围不可能遍及每一个地方，这时可根据区域的人口分布情况，主要考虑目标消费群体的人口特征、收入、文化程度等因素，在城市中划定若干个有代表性的调查区域，将总样本按比例分配到各个区域，在各个区域内实施访问调查，这时候选取的调查区域要有一定的代表性，若其不能代表整个区域，则选取的调查区域就要进行调整。这样既可相对缩小调查范围，减少工作量，又可以提高调查工作效率，减少费用，以确保调查数据的真实性和可代表性。

6. 样本抽取

要解决"调查多少"的问题。调查样本要在调查对象中抽取，由于调查对象分布范围较广，应制订一个抽样方案，以保证抽取的样本能反映总体情况。若市场调查结果准确度要求越高，则抽取样本数量应越多，但其调查费用也越高，应根据调查结果的用途情况确定适宜的样本数量。一般一个中等以上规模城市进行市场调查的样本数量，根据调查项目要求不同，可选择200～1 000个样本。但是要注意对抽取样本的人口特征因素的控制，以保证抽取样本具有相对的代表性。

7. 资料收集整理方法

要解决"怎么调查"的问题。在市场调查中，常用的资料收集方法有调查法、观察法和实验法，一般来说，前一种方法适宜于描述性研究，后两种方法适宜于探测性研究。企业多采用调查法，在做调查时，企业往往采用面谈、电话访问、邮寄问卷等形式。不论哪种调查方法，都各有其优缺点，企业可根据实际调查项目的要求来选择。

（3）制订调查计划　围绕着目标的实现和调查方案的制订，调查方应组织领导及人员配备，建立市场调查项目组织机构，可由企业的市场部或企划部来负责调查项目的组织领导工作，负责项目的具体组织实施工作。对于规模较小的企业或者个体户，可亲自参与调查，或者委托代理方进行调查，但是对于小微企业或者个体而言，为了降低调查成本，往往自己参与调查，很少委托第三方来做。如果亲自做调查的话，在对访问员招募及培训方面，就需要安排到位，保证参与调查的人员能够很好地执行既定方案。可从高校中招募经管类专业大学生，并根据实际情况来确定每个调查员的日工作量。如果从高校中招募大学生来进行调查，还需要对其进行必要的培训，主要针对调查方法和技巧、产品的基本情况及注意事项等方面进行，以确保调查的顺利进行。同时还要制定详细的执行表，确保整个调查能够按计划进行，而不至于盲目地拖延调查时间，影响调查效率和效果。在制订调查计划的时候，企业应核定市场调查过程中将发生的各项费用支出，合理确定市场调查总的费用预算，以更好地控制费用，降低成本。

（4）组织调查　各项准备工作全部就绪之后，就要进入实地调查阶段。

在进行调查组织的时候，要做好实地调查的组织工作。根据区域划分，确定好调查人员，明确其任务和职责，做到工作任务落实到位，目标责任明确，适时做好监督。还要做好协调、控制工作，要及时掌握工作进度，协调好各个调查员间的工作进度；及时了解调查员在调查中遇到的问题，并帮助其解决，对于共性问题，要及时研究提出统一的解决办法。每天调查结束后，要求调查员要对其调查结果进行自查，找出问题，以便在以后的工作中及时改进。

（5）撰写报告　调查结束后，要组织人员进行资料的整理和分析，以便于调查数据的统计，有了数据的统计分析就可以按照调查目的的要求，有针对性地对调查内容进行全面的分析。撰写调查报告是市场调查的最后一项工作，市场调查工作的成果将在调查报告中有充分的体现，调查报告也将会成为企业决策者制定市场营销策略的重要依据。

设计调查表的注意事项

①调查表的设计要与调查主题密切相关，重点突出，避免可有可无的问题。

②调查表中的问题要容易让被调查者接受，避免出现被调查者不愿回答或令被调查者难堪的问题。

③调查表中的问题次序要条理清楚，顺理成章，符合逻辑顺序，一般可遵循容易回答的问题放在前面、较难回答的问题放在中间、敏感性问题放在最后的原则；封闭式问题在前，开放式问题在后。

④调查表的内容要简明，尽量使用简单、直接、无偏见的词汇，保证被调查者能在较短的时间内完成调查表。

（三）怎么写调查报告

1. 什么是调查报告

调查报告是整个调查工作，包括计划、实施、收集、整理等一系列过程的总结，是调查研究人员劳动与智慧的结晶，就是企业针对某一特定的目标，通过对客观实际情况的调查了解，将调查到的资料进行系统化、科学化、合理化的分析研究，揭示本质，找出规律，总结经验，最后以书面形式表述出来而形成的一份报告。

调查报告的核心是实事求是地反映和分析客观事实。调查应该深入实际，准确地反映客观事实，不能凭决策者的主观想象，应该按事物的本来面目了解事物，通过调查详细地占有材料。在掌握客观事实的基础上，认真分析，透彻地揭示事物的本质。调查报告只是呈给决策者的一个参考资料，报告中可以提出一些看法，但不能替决策者做主张。因为，对策的制定是一个深入的、复杂的、综合的研究过程，调查报告提出的对策是否被采纳，能否上升到政策，应该经过政策预评估。

2. 市场调查报告的格式

市场调查报告的格式一般由：标题、目录、概述、正文、结论与建议、附件等几部分组成。

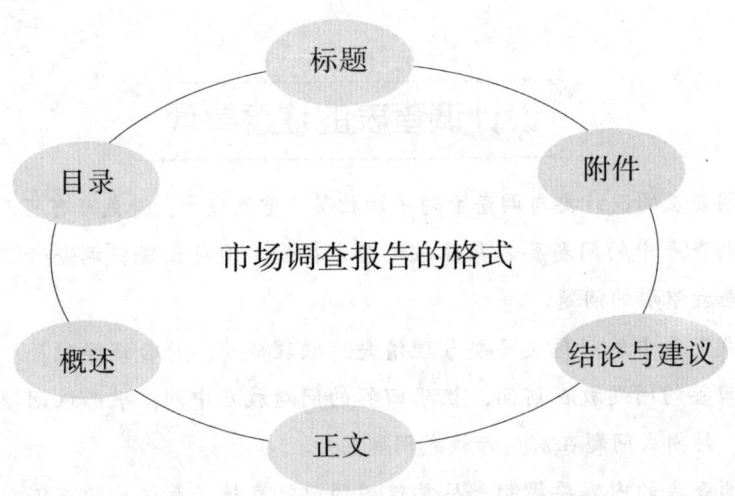

（1）标题　一般要在与标题同一页，把被调查单位、调查内容明确而具体地表示出来，如《关于××省农村劳动力就业意向的调查报告》。有的调查报告还采用正、副标题形式，一般正标题表达调查的主题，副标题则具体表明调查的对象和问题。

（2）目录　是为了方便阅读和查询，应当使用目录或索引形式列出报告所分的主要章节和附录，并注明标题、有关章节号码及页码，一般来说，目录的篇幅不宜超过一页。

（3）概述　主要阐述调查的基本情况，它是按照市场调查课题的顺序将问题展开，并阐述对调查的原始资料进行选择、评价、作出结论、提出建议的原则等。主要包括调查目的、调查对象和调查内容、调查研究的方法等内容。既要简要地说明调查的由来和委托调查的原因，又要介绍调查时间、地点、对象、范围、调查要点及所要解答的问题等，还要介绍调查研究的方法，这有助于使人确信调查结果的可靠性。抽样调查法、典型调查法、文案调查法、实地调查法，这些是在一般调查过程中经常使用的方法。

（4）正文　是市场调查分析报告的主体部分。这部分必须准确阐明全部有关论据，包括问题的提出到引出的结论，论证的全部过程，分析研究问题的方法，还应当有可供市场活动的决策者进行独立思考的全部调查结果和必要的市场信息，以及对这些情况和内容的分析评论。

（5）结论与建议　是撰写综合分析报告的主要目的。这部分包括对引言和正文部分所提出的主要内容的总结，提出如何利用已证明为有效的措施和解决某一具体问题可供选择的方案与建议。结论和建议与正文部分的论述要紧密对应，不可以提出无证据的结论，也不要没有结论性意见的论证。

（6）附件　是指调查报告正文包含不了或没有提及，但与正文有关必须附加说明的部分。它是对正文报告的补充或更详尽的说明。包括数据汇总表及原始资料背景材料和必要的工作技术报告，例如，为调查选定样本的有关细节资料及调查期间所使用的文件副本等。

3. 市场调查报告的主要内容

- 说明调查目的及所要解决的问题。
- 介绍市场背景资料。
- 分析的方法。如样本的抽取，资料的收集、整理、分析技术等。
- 调查数据及其分析。
- 提出论点。即摆出自己的观点和看法。
- 论证所提观点的基本理由。
- 提出解决问题可供选择的建议、方案和步骤。
- 预测可能遇到的风险、对策。

4. 调查报告写作要求

（1）要建立在科学合理的调查之上　在当今快速发展的时代浪潮中，对于市场的各方参与者来说，成败的关键就在于经营决策是否科学，而科学的决策又必须建立在科学的市场调查之上。因此，要善于运用科学的方法，适时捕捉瞬息万变的市场变化情况，以获取真实、可靠、准确的市场材料。建立在科学的市场调查之上的调查报告，就必然具有科学性和针对性。

（2）要建立在真实准确的数据之上　由于市场调查报告是对市场的供求关系、购销状况以及消费情况等进行的调查行为的书面反映，因此它往往离不开各种各样的数据材料，数据材料也是最具有说服力的支撑材料，最真实准确的数据也是最能让人信服和靠得住的依据。因此，调查报告要建立在真实准确的数据之上，这样的报告也必然具有很高的参考价值。

（3）要建立在充分有力的论证之上　撰写市场调查报告，就要首先对调查的资料进行分析整理，必须以大量的事实材料作基础，包括动态的、静态的，历史的、现实的等，这些资料错综复杂，丰富充实，但是绝不能让调查报告变成是这些事实材料的简单罗列和堆积，必须运用科学的方法对其进行充分有力的分析归纳，这样建立在充分有力的论证之上的报告才会更加有说服力。

二、信息处理技巧

（一）信息收集

1. 什么是信息收集

信息收集是指企业为了实现自己的目标，通过各种方式获取所需要的信息。信息收集工作的好坏，直接关系到整个信息处理工作的质量。

信息可以分为原始信息和加工信息两大类。原始信息是未经加工的信息，是在经济活动中直接产生或获取的数据、概念、知识、经验及其总结。加工信息则是对原始信息经过加工、分析、改编和重组而形成的具有新形式、新内容的信息。两类信息都对企业的管理活动发挥着不可替代的作用。

2. 信息收集的原则

可靠性原则：可靠性原则保证信息是有效的。收集的信息必须是真实对象或环境所产生的，必须保证信息来源是可靠的，必须保证收集的信息能反映真实的状况。

完整性原则：完整性原则保证信息是全面的。要求所收集到的信息要广泛、全面完整。只有广泛、全面地收集信息，才能完整地反映管理活动和决策对象发展的全貌，为决策的科学性提供保障。收集的信息在内容上必须完整无缺，必须按照一定的标准，要反映事物全貌。往往实际收集到的信息不可能是绝对的全面完整，因此，如何使收集到的信息最大限度达到全面完整就是一个非常值得探讨的问题。

实时性原则：实时性原则保证信息的时效。这就要求信息要新，反应要快，获取信息所花的时间要短。信息的利用价值取决于该信息是否能及时地提供，即它的时效性。信息只有及时、迅速地提供给它的使用者才能有效地发挥作用。特别是决策对信息的要求是"事前"的消息和情报，而不是"马后炮"。所以，只有信息是"事前"的，对决策才是有效的。

准确性原则：准确性原则保证了信息的价值，这就要求所收集到的信息要真实、可靠，收集的信息与应用需求密切相关且表达无误。当然，这也是信息收集工作的最基本的要求。为达到这样的要求，信息收集者就必须对收集到的信息反复核实，不断检验，力求把误差减小到最低限度。

3. 信息收集的方式方法

- **市场调查**：市场调查是获得真实可靠信息的重要手段。是运用调查方法直接从市场上了解情况、收集资料和数据的活动。利用调查收集到的信息是第一手资料，因而比较接近社会，容易做到真实、可靠。

- **建立信息收集网络**：为了给管理活动提供准确、全面、及时的信息，必须建立信息收集情报网。信息收集网络负责信息收集、筛选、加工、传递和反馈等整个工作体系，通过信息收集网络的构建，使得信息的使用者能更加便利地获得信息，而不仅仅指收集本身。

- **信息检索**：根据检索的对象性质来看，有三种类型的信息检索，即数据检索、事实检索、文献检索。数据检索是以文献中的数据为对象的一种检索。如某公式、某化学分子式等。事实检索是以文献中的事实为对象，检索某一事物发生的时间、地点或过程。文献检索是以文献为对象，查找某个课题的有关文献的一种检索。

- **网络信息收集**：网络信息是指通过计算机网络发布、传递和存储的各种信息。收集的途径包括通过经济、技术网站收集信息，利用搜索引擎检索信息，在相关网站查看、收集现有的物品市场调查报告，在专业网站查找信息，从相关的论坛、社区、BBS收集信息，订阅新闻组进行信息收集，通过在线问卷调查收集原始信息等方法。

4. 信息收集的步骤

- **制订计划**：在准备进行信息收集的时候，要制订详尽的信息收集计划，只有制订出周密、切实可行的信息收集计划，才能保证整个信息收集工作正常地开展。

- **设计表格**：因为信息的收集量会比较大，为了便于收集后的信息加工、储存和传递，在进行信息收集以前，要按照信息收集的目的和要求设计出合理的收集提纲和表格。

- **明确方式方法**：在进行信息收集之前要明确信息收集的方式方法，以确定在收集的时候采取什么样的方法进行，这也为信息收集工作提供了良好的方法支持。

- **提供报告**：在信息收集完成之后，要将收集到的信息通过分析总结，形成调查报告、资料摘编等把获得的信息整理出来，并将这些信息资料与收集计划进行对比分析，如不符合要求，还要进行补充收集。

（二）信息整理

1. 为何要进行信息整理

信息搜集者所收集的信息可能和希望得到的并不完全一致，或与之接近，或与之相关联，或与之有某种因果关系。因此，必须对收集的信息进行整理和筛选，从一堆信息中整理出真正有用的信息，并把原始收集的和整理以后的信息妥善保管，以便查阅。

一般来说，通过各种方式收集来的信息量通常会很大，而且杂乱无章，不利于我们信息分析工作的进行。因此要把收集到的信息进行筛选、加工以及编写工作，把庞杂的信息进行精练、条理化。在这一过程中，筛选特别重要，收集的信息五花八门，可能从小道消息到国家的统计数据都有，其中真真假假、虚虚实实，会对分析工作甚至是企业决策产生影响。而许多信息尽管也是真实的,但它与研究的问题并没有太大的联系,因此一定要把好筛选这道关,对收集的信息去伪取真,确保信息的真实性和实效性。此外,对于整理好的信息还要做好保存和保密工作,为后续工作的进行打下良好的基础。总之,信息加工的过程就是一个资料"由厚变薄"的过程,这是一门艺术。就和看书一样,把书越看越薄,最后用几句话概括。

2. 信息整理的两大要点

信息整理的两大要点
- 放在市场大环境中研究:要把信息放在市场大环境中研究,把所收集到的信息同周围的市场因素联系起来,只有顺应经济发展潮流、符合现阶段经济发展方向的信息才能算是有效的信息,否则,再有华丽的表象也都只能算是徒劳。
- 同企业的利益相联系:有了有效的信息,还要把这些信息同企业的利益联系起来,为企业谋取更多利益才是进行信息收集的原动力,同时也是指引并不断修正收集方法的导向力量。

3. 信息整理技巧

- 分类并力求简化。要对信息进行合理的分类,并力求分类的简化和方便。
- 按个人使用方便原则进行整理。因为信息的整理最终是为了个人使用方便,是为了服务于人的,所以在整理信息的时候要力求符合个人使用方便的原则。
- 通过整理使信息变得完美和科学。
- 以能否采用为原则,大胆取舍。采用"采用"原则,对于一些无用的信息要及时处理掉,免得造成信息泛滥。
- 统一规格。对信息要进行规格的统一化处理,这样为以后的信息查询和使用都能提供很大的方便。
- 以表格的形式建立信息目录、出处、收集人、收集时间。
- 要有长期的保管信息的意识,不断地完善和增加信息。
- 电子资料注意备份。

4. 信息资源整合原则

标准化规范化原则

信息资源整合就是要通过对信息资源的内容、形式和与其相关的技术进行整合，共用一个统一的标准和规范，在尽可能宽广的范围内方便地使用已整理和加工的信息资源。因此，标准是信息资源整合的前提和基础。只有依据一定的标准来进行信息资源的整合才能避免因资源重复建设导致的人、财、物的浪费和损失，让经纪人可以方便、优惠地访问和获取相关资源。

共建共享原则

信息资源的共建、共享是为了集中一定范围内有限的人、财、物对信息资源进行深入加工、整理。政府部门要为信息资源的共建、共享创造条件，一是在横向方面，加强与涉农部门的沟通与协调，建立信息交换制度，开发数据交换接口，实现涉农信息共享。要通过制度化建设，改变信息重复采集、分割拥有、垄断使用和低效开发的局面；二是在纵向方面，建立完善的信息采集指标体系，开发通用的信息采集软件，推行统一的数据标准，采用公用模块的方式，实现一站式发布，全系统共享，全面提升农业系统信息资源开发水平。

信息安全原则

信息资源中的部分数据会涉及国家秘密、国家安全，需要绝对的安全，但是我们农村经纪人获取的大量农业信息资源需要一定程度的开放才能满足需要，于是产生了开放与安全的矛盾，因此，农村经纪人需要政府帮忙在安全和开放两者之间寻求一个平衡点，既要能保证农村经纪人方便地使用这些信息资源，又要保证这些资源处于一个安全的状态。可以通过网络安全区域的划分、中心数据库的摆放位置、防火墙的利用、加强内部监控与审核、第三方认证等方法来保证信息的安全。

信息资源整合中关键技术分析

信息资源整合的主要目标是在信息技术的支撑下，对网络、数据库中包含的对农业生产和销售有指导作用的无序信息资源进行融合、类聚、重组，形成一个新的资源有机整体，保证农村经纪人可以方便、准确、及时地获取他们需要的信息。因此，信息整合技术的进步和完善在很大程度上决定着信息资源整合的步调，需要尽力挖掘新技术服务于信息资源整合和信息利用。这些关键技术分析同样需要政府的支持和帮助。

（三）信息反馈

1. 信息甄别

信息甄别是市场交易中没有信息的一方为了减弱信息不对等的不利影响，通过区别不同类型的交易对象而提出的一种交易方式、方法。

对信息的来源不同，甄别的方法也不同。对于文献信息可以通过作者、出版机构、内容本身来评价；对于口头信息，可以通过发言者的身份、说话的场合和听众的反应来评价；对于网络信息，可以通过网站主办机构、作者等方面对信息进行验证，根据对这些机构或个人信息的分析，对网站发布信息的质量和可靠性作出判断。

一般来说，政府部门、科研单位、高等院校、专业新闻媒体等机构的网站，在信息发布前已做过审查、筛选，具有较高的质量，所以可以信任他们的网页。还可以查看网页是否标明了作者，作者在文献中涉及的专业领域受教育、培训的程度及工作经验，作者在相关专业领域的知名度，作者所处位置（工作职能、头衔等）等。如保险公司保险合同设计：投保人知道自己的风险，保险公司不知道；保险公司针对不同类型的潜在投保人制定了不同的保险合同，投保人根据自己的风险特征选择一个保险合同。

2. 信息的取舍

断然决定取舍信息，"宁短毋缺"的收集方法尽管能使你获得一大堆的资料。但是，这是相当不明智的方法。为什么呢？这种不分青红皂白地收集信息，仅整理信息就得花费很长的时间，别说"使用"了。收集信息时，确定"取舍标准"是一件十分困难的事，往往会在收集信息时造成心理阻碍。所以建议收集信息者不要设置"取舍标准"，而设置"采用标准"。一般人都有"获得容易丢弃难"的心理障碍，设置"采用标准"，更符合一般人的心理状态。不过，"采用标准"的重点，并非一开始就使用，而是资料收集到某一程度后，再根据"为何这样做"而实行"采用标准"，这时资料收集就具有实用性了。

3. 信息混淆的情况及处理

信息之间会有不一致甚至矛盾之处，并且，个人偏见或盲点会阻碍人们对全部信息的认识和处理，从而产生错误的结论。因此在作出决定之前，有必要对信息进行分析和取舍。常见的信息混淆有以下几个方面。

（1）言语信息和非言语信息间的矛盾　信息的提供方可能一面说"这个问题不会使我烦恼的"，一面却红着脸，握着拳头。再比如，可能信息提供方正在谈论他想修复与某个人破裂的关系的愿望，而同时却又一脸不屑地把这个人的衣着攻击得一文不值。

例如，一个来访者说"我真的（停顿）对这种关系觉得很兴奋。此前我从来没有过（停顿）这种体验"，说话的同时眼睛望着地面，斜靠着身子。他的言语和非言语行为之间存在着明显的矛盾。在这种情况下，咨询者至少有三种选择去处理言语和非言语之间的差异：第一种是用心记住来访者言行的不一致，稍后再作出合适的反应，并通过声调和肢体语言来表达你的非评判性态度；第二种是向来访者描述这种差异，如"你说对这种关系感到很兴奋，但你说话的时候低着头，并且似乎很犹豫"；第三个选择是问来访者，"我注意到你在讲述时有停顿，并且眼望别处，这是什么意思呢"，当你指出了不一致的问题后，来访者就得面对这些事实。

（2）言语信息和行动之间的矛盾　一个很少做家庭作业、课后又不复习的学生在最近的一场考试中没有通过，可是他却对咨询者说："这门课我应该及格的。"再比如，一位家长可能说起对孩子的爱，可是又对自己无法阻止孩子的坏习惯有强烈的负罪感。

（3）两个言语信息之间的矛盾　有时，在一个句子中可能表达两种完全矛盾的观点，如"你的办公室很舒服，就是在这个街区太糟了""我的女儿很好，但她就是不听我的话"。事实上，大多数来访者对自己的朋友、家人、工作和其他事情都会有一种复杂的情感。来访者对于这种矛盾的心理往往意识不到，却会通过自己的语言无意间流露出来。

（4）言语信息和情境之间的矛盾　"我找不到工作。""我想进这所学校读书，但我没能做到。"在这些情境下，信息提供方的内心世界经常与实际情况不一致。我们就要根据来访者的行为和态度对这些问题加以解决。

在对信息的处理时，不但要"听""看""问"，而且还要"想"。一方面与对方谈论并听其倾诉，一方面在会谈过程中要思索与联想，整理并分析所收集到的信息。从整个环境出发，非言语行为往往可以有若干个含义，非言语行为和言语行为又往往会出现不一致甚至矛盾的现象。那么，如何知道其中哪一个是真实的呢？这里关键在于它们所发生的人际环境。因为一个人的所作所为、情感反应、观念或态度常与过去和现在的整个环境有密切关系。因此，要真正了解一个人的心理与行为，就要知道他目前各方面的活动与生活方式，也需要知道他过去的生活和性格发展。

避免个人偏见和喜好。以绝对无偏见的方式去倾听是不可能的。在社会化的过程中，我们会产生一系列的过滤器。正是通过它们，我们去倾听自己、他人和周围的世界。大部分人即使是很专注地倾听，其倾听也是批判性的，即他们一边收集信息，一边按照好—坏、正—误、可接受—不可接受、喜欢—不喜欢、有关—无关等标准对他人的言语内容的优劣进行评判。虽然不能完全抛弃自己的偏见和喜好，但尽量避免带入个人偏见是有效信息处理人员的基本素质。

4. 信息反馈

通常你收集的信息并不一定是你所需要的信息，或并不是你能使用的，这时就需将进行整理与筛选后的信息反馈给最需要的使用者。

反馈的形式
- 文字描述法主要用于表达综合性的信息，对问题进行总结，提出新的想法、建议等。文字描述法表述较全面，但直观性较差。
- 数据表格法主要用于数据统计信息的表达，这种形式的信息内容往往一目了然，便于决策过程中的分析和利用，但缺乏一定的生动性。
- 图表法主要用于表达带有较强对比性的信息，很直观，对比性强，但适用面窄。

在市场信息的反馈上，要注意反馈的方向。向上级汇报，通常是企业市场研究部门的惯用做法，往往是将信息处理过后上交领导，至于该信息采纳与否则由领导作出决定。下发给自己的下属，一般是企业领导对经济形势和宏观政策进行客观分析之后让相关人员贯彻执行的方法；或者是分公司经理研究过终端市场之后将成果和对策下发给自己的下属。根据分析成果制定对策，通常是企业领导、相关市场研究部门或分公司相关销售人员对自己研究或别人转交的市场分析成果制定相应的对策。应用于自己的区域市场，通常是企业领导或分公司相关销售人员在对终端市场研究之后，直接将分析结果或应变措施运用于自己的区域市场。

建立信息管理系统

在当今的信息时代，市场竞争激烈，需求多变，如何提高企业经济效益，在竞争中求生存、求发展，及时、准确、全面地掌握信息至关重要。作为企业经营管理者的基本职能之一，决策要以信息作为前提和基础，没有信息，任何决策都无法达到预期的效果。信息如果不准确，就会造成指挥失误和混乱；信息如果不及时，就不能做到"快速应变"；信息如果不完整，就无法对企业的生产经营全过程进行有效的控制。因此，建立一个完整的信息管理系统，可以对企业信息活动进行科学的分析和组织。

三、谈判技巧

经纪第一关就是谈判

1986年,日本一个客户与我国东北某外贸公司洽谈毛皮生意,条件优惠却久拖不决。转眼过去了两个多月,一直兴旺的国际毛皮市场货满为患,价格暴跌,这时日商以很低的价格收购毛皮,使我方外贸公司吃了大亏。

据记载,一个美国代表被派往日本谈判。日方在接待的时候得知对方必须于两个星期之后返回。日本人没有急着开始谈判,而是花了一个多星期的时间陪美国代表在国内旅游,每天晚上还安排宴会。谈判在第十二天才开始,但每天都早早结束,为的是让客人去打高尔夫球。在第十四天才谈到重点,但这时候美国人该回去了,已经没有时间和对方周旋,只好答应对方的条件,签订了协议。

谈判是一门艺术,时机和内容决定最终的结果。日本客人之所以不急于达成毛皮生意,是他已经预测到毛皮价格要跌;日本人对付美国代表的做法,是让对方失去了解更多情况的时机,最终草率做出决定。

什么是谈判?谈判是各方观点的互换,是感情互动,结果互利的人际交往活动的过程。谈判是一门技术,更是一门艺术与科学,它通过谈吐各方观点,判别各自理由,融入感情的交流和沟通,达成一个双方都能基本同意的协议。农村经纪人的谈判也不例外,通过谈判,完成委托人交给的任务,自身获得佣金,也使第三方的需求得到了满足。

(一)谈判前的心理准备要充分

要想成为一名称职、高效的谈判人员,要具备良好的心理素质,要做好谈判前的心理准备。

1. 要有取得谈判成功的信心

有了信心,人的整个心态就会良好,呈现在谈判桌上就是一种良好的精神状态。这不但对自己或伙伴是一种鼓舞，同时也会使谈判对手心理受到影响。有了信心，也就能够积极主动地寻找解决问题的方案。当然信心并不代表虚张声势，如果只有外在的表面的强大或强硬，不但不会给对方造成一种有信心的印象，反而会使人感到信心不足，从而在心理上败于对方。

2. 要有充分的心理控制能力

任何谈判，对于解决问题的思路、导向及目标，一般都不会完全一致。例如，供方要价高，需方报价低等。在谈判桌上形成冲突是正常的，解决这种冲突就需要时间和耐性。因此，对谈判的艰巨性要有足够的认识，要有充足的准备。把谈判看得轻而易举的人，往往难以取得谈判的成功。他们的失败，不是因为实力不足或谈判的技巧不够，而是在心理上失去控制。

3. 参加谈判前要排除其他心理因素的干扰

每一个人在现实社会中，经常会受各种矛盾的困扰，在心理上表现为焦灼不安，容易发怒；若你带着这种心态去参加谈判，就会产生一种心理上的联想。你会把对方一句正常的话，一个并无恶意的手势和举动，看作是对你的挑战，从而使谈判受到不利的影响。心理学家告诫人们，一个人的事业成功与否，是与他的个性心理特征分不开的。因此，以健全的、健康的心理参加谈判，排除其他心理干扰是谈判取得成功的关键之一。

（二）谈判要遵循程序

1. 第一程序，谈判开端

在谈判开始前，由于双方对对方的情况并不十分清楚，心理上难免蒙上一层紧张的色彩。为了消除这种紧张的心理因素，可以从双方感兴趣的话题入手，以此为开端，尽量为整个谈判场合营造一种轻松、愉快的气氛。待时机成熟，便可以进入谈判的内容。

2. 第二程序，谈判发展

谈判发展过程，主要是陈述谈判要点，因此如何陈述是关键。

如何陈述谈判要点

首先,陈述要清楚,说话要使人能听懂。

其次,陈述要简练,介绍情况要有很强的概括性,一般不要超过10分钟,对一些常识性问题,或者双方都了解的情况,可以略而不谈。

再次,要能够抓住双方的异同点。在谈判发展过程中,及时抓住双方共同点,一方面是为了缩小分歧面,提高协商的效率;另一方面也是为了增强彼此的理解和好感,达成共识。及时抓住不同点则是为了坦诚地面对彼此的不同意见,分析彼此的困难,集中精力寻求解决矛盾的突破口。

3. 第三程序,谈判高潮

高潮即谈判的交锋状态。在这个阶段,如果掌握好火候,抓住时机就能促成问题的解决。

谈判交锋中常用的策略

为使交锋状态顺利通过,缓和双方的矛盾,使问题得到圆满解决,常用的策略有三:一是时机应用策略,由于谈判是市场机会、实力平衡、个人情感等多种因素的交融,而这些因素的最佳交合点又是动态的,因此不能守株待兔,而是利用各种时机,以达到谈判的最佳成果。比如,利用对方交货日期上的紧迫感,促使其成交。二是利益让步策略,有的谈判为了其他方面取得更大利益,不得不做出一些让步,当然怎么让、让多少都是很讲究的。三是以诚取胜策略,谈判者不是狡诈者的代称,有时诚恳的态度、诚挚的言语、开诚布公的方式反而能收到意想不到的效果。

4. 第四程序，谈判结束

谈判最终签订合同或达成协议宣告结束。谈判达成的协议，应该用文字的形式确定下来，如有必要，在签订协议书时，应请法律顾问过目。避免给以后的工作留下隐患。谈判签订的合同，应按《经济合同法》的有关条款办理。

单元四
农村经纪人业务运作

单元提示

1. 农村经纪人经纪活动内容、方式和运作过程。
2. 农产品经纪人、农村技术经纪人、农村劳务经纪人、农村文化经纪人、农村保险经纪人的基本知识。

一、农村经纪人分类及经纪活动内容

案例导入

百色农村经纪人成致富领头羊

在百色市活跃着一支1万多人的"游击队",哪里的农产品出现滞销,哪里就有他们的身影;哪里的种养大户遇到难题,哪里就会响起他们的脚步声。他们就是奔走于农民与市场之间的农村经纪人。这群最初只有几十人的队伍,经过当地工商部门多年的培育,目前已成了当地农民致富奔小康的领头羊。2009年以来,该市每年通过农村经纪人销售的水果、蔬菜就有300多万吨,产品远销全国300多个大中小城市及俄罗斯、英国等海外市场,经纪业务量达30多亿元。

在农村,种植粮食、蔬菜、瓜果的农民也纷纷寻找着自己的经纪人,农村经纪人队伍逐渐扩大。据国家工商行政管理总局统计,目前我国共有农村经纪人总户数达38万余户,经纪执业人员达61万余人,经纪的业务量达1 707亿余元。除此之外，在农村还有大量从事临时性、季节性经纪活动和未经登记难以统计的农村经纪人。在我国，有如此之多的农村经纪人，那么他们的种类有哪些、经纪活动的内容包括什么、经纪活动的先后程序如何？

农村经纪人分类表

类别	业务内容
农产品经纪人	从事农产品收购、储运、销售以及销售代理、信息传递、服务等中介活动。
农村技术经纪人	以"中间人"的身份来推广各种高效新品种、新产品、新技术，促进科技成果转化成农村生产力。
农村劳务经纪人	为劳动力供求双方提供居间或者代理服务，充当农村劳动力供求双方的中介。
农村文化经纪人	活跃在农村文化演出市场，为文化供需双方牵线搭桥，满足农民文化生活的需要，活跃农村文化市场，且能够降低文化交易成本。
农村保险经纪人	代表投保人选择保险公司，洽谈保险合同条款，为投保人与保险人订立保险合同，代办保险手续，提供中介服务。

农村经纪人经纪活动一览表

经纪活动	具体内容
信息传递	这是经纪人的基本职能。经纪人接受委托去寻找相应的需求方或供给方，从中牵线搭桥，促成交易并收取佣金。在这种活动过程中，经纪人只是为供求双方提供相互交流的机会，撮合双方成交。
代表一方谈判	通过信息传递，经纪人把供需双方联系起来，经过委托方授权，在授权范围内，经纪人可代表委托方与交易对方进行谈判，并把谈判进程及时向委托人通报。
交易咨询	在交易者不大熟悉商务、法律等时，经纪人可以提供咨询并协助办理有关手续。
草拟文件	根据委托方的意思表示，经纪人可草拟经纪活动中有关文件。交易文件虽可由经纪人草拟，但必须通过协商最终确定，并由当事人签名盖章，方可生效。
为交易提供保障	经纪人的活动和职能，是交易安全的一种保障，起着经济担保的作用。这种担保不负连带赔偿责任，而是以信誉条件保证交易能够完成的契约。

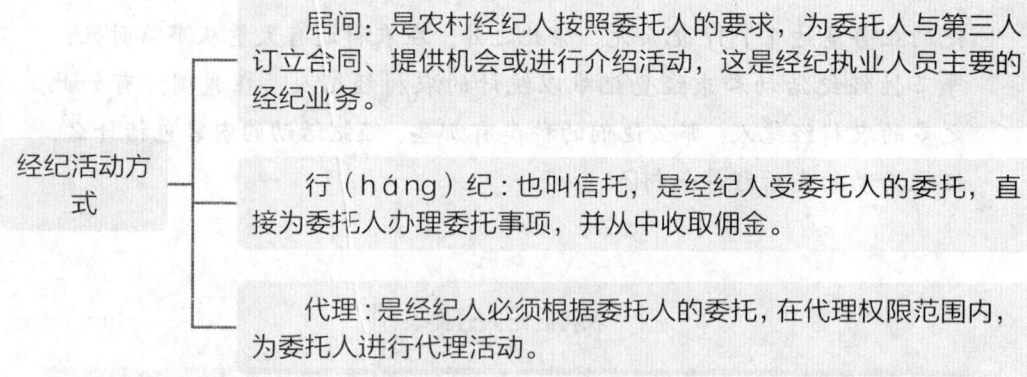

不同经纪人的经纪运作程序是不一样的，就一般经纪业务而言，经纪运作程序包括：接受委托、签订经纪合同、寻找合作伙伴、业务洽谈、促成交易、获取佣金等。接受委托是经纪运作程序的第一步，没有委托就没有经纪中介业务，委托又称委任，是指当事人和经纪人双方约定，当事人为委托人，经纪人为受托人，双方要明确各自的责任义务。寻找到合作伙伴后，通过交易伙伴资信和履约能力调查了解，经纪人可及时撮合交易成交，这是经纪活动的最终目的。

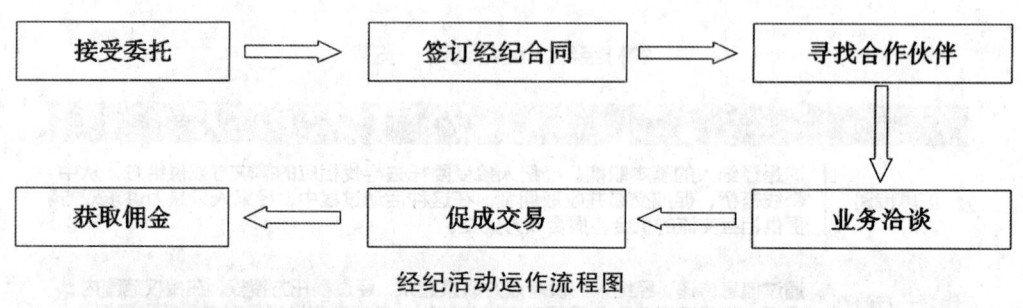

经纪活动运作流程图

科学的经纪活动运作程序来自社会经纪的实践，经纪活动的成功率很大程度上取决于经纪机构的健全、完善和发展成熟度。

二、农产品经纪人业务运作

两千"市场媒婆"活跃苍山乡间

又是一年蒜薹上市时,如何把蒜薹高价销往外地是苍山县芦柞镇北头村大蒜合作社赵福海一直在忙的事。作为一名农产品经纪人,他每年要为全村的蒜薹寻找销路。眼下,该县已有近2 000名像老赵这样的"市场媒婆"活跃在乡村。农产品经纪人的出现,既跑活了农村经济,也带动了村民增收致富。据了解,该县积极发挥苍山大蒜协会及专业合作社的作用,通过组织、培训、带动,培养出一大批"一手连着市场,一手连着蒜农"的"市场媒婆",他们本着"你购销,我帮助,保质保价保货源"的经营理念,不但为外地客商购销蒜薹提供优质服务,而且还为当地农产品外销提供多渠道销售方式;这些土经纪人熟悉本地行情,了解外面市场,成为当地农产品增收的"助推器",深受当地农民的欢迎。近年来,该县按照"市场+经纪人+农户"的模式,抓住发展农产品市场这一载体,积极实施市场带动战略,为农业经纪人提供宽松的经营环境。通过采取规范培训、组织专家指导、建立经纪人联系制度等方式,促使一部分以前倒腾蔬菜的"二道贩子""洗脚上岸"向农业经纪人迅速转型。现在他们不再靠压低收购价格谋生,转而注重和农民建立良好的合作关系,靠从事销售代理和提供服务来赚取佣金。由于农业经纪人大部分出身农民,头脑灵活,营销观念强,具有较强的农产品推广经验,所以在农民中有较高的信任度。为提高农村经纪人的经营能力,该县还支持和引导经纪人大户成立专业合作协会,作为农产品销售流通的重要载体。很多经纪人改变了传统的出门跑市场、对面谈生意的销售模式,配置了手提电脑,将当地蒜薹、大蒜、食用菌、板栗等地方土特产的信息通过互联网对外发布,吸引了大批国内外客商前来采购。农业经纪人"带着本地资源找市场,带回市场信息促生产",已经成为连接千家万户小生产和千变万化大市场的桥梁和纽带。目前,该县各种涉农类协会已达200余个,几乎涵盖了农副产品各个领域,每年农业经纪人直接或间接促成的交易成交额超过1 000万元,转移农村剩余劳动力超过1万人。

> 作为一名农产品经纪人，应该如何进行经纪活动，才能有效提高经纪效率呢？

农产品经纪人是指从事农产品收购、储运、销售以及销售代理、信息传递、服务等中介活动而获取收益或佣金的组织或职业人员，也就是买卖双方的中间人，通过付出自己的劳动而获取收益。

农产品经纪人创业的起点一般表现为：依托家庭组织，凭借所掌握的某种或某些农副产品的畅销度、销路、需求量和价格走势等信息，有针对性地购进销出、贱买贵卖，以赚取差价获得盈利。伴随着实力与规模的不断扩大，有的农产品经纪人已经从单个农户的简单小规模贩运、自产自销的原始积累阶段，发展到购进、冷藏、加工、销售一体化经营，并逐步向批量销售、订单销售转变。相应地，经纪人兴办产销联合体、销售有限责任公司等农村合作经济组织或农产品加工企业也涌现出来。

（一）农产品经纪人类型

由于农产品的范围较广、不同地区的经济发展水平差异较大、各地经营方式和习惯不同，人们划分农产品经纪人类型的标准很多，相应地出现的类型也很多。从中国农产品流通经纪人协会的调研情况看，目前农产品经纪人大致有三种类型。

农产品经纪人类型

类　型	服务内容
销售型	直接从事购销业务，把当地农产品销售出去。
信息型	主要提供需求信息，指导农民进行生产销售，经纪人本身不从事购销活动，其收入主要来自农民的销售提成。
复合型	既从事农业生产，又利用自身信息优势搞销售；或者既搞加工储运业务，又从事农产品的购销业务。这一类经纪人综合实力比较强。

1. 销售型

主要为当地农产品找市场，把农产品销售出去，即直接从事购销业务。从事这方面业务的农产品经纪人，绝大多数属于初入市场的。

2. 信息型

主要提供需求信息，指导农民进行生产销售，经纪人本身不从事购销活动，其收入主要来自农民的销售提成。比如，河北唐山市一部分经纪人自己开设专业网站收集和提供蔬菜、果品等方面的供需信息，新的品种、种植、保鲜、储藏、加工技术信息，为农民的产品找到好的销路、卖出好的价格打下基础。山东金乡县大蒜信息协会就是把周围四省七个大蒜主产县的经纪人联合起来，分片包干，将大蒜种植面积、产量、储藏量、成交量、价格等及时汇总，很快用手机发布给农户、经营户及政府有关部门，同时从中收取一定的信息服务费。

3. 复合型

既从事农业生产，又利用自身信息优势搞销售；或者既搞加工储运业务，又从事农产品的购销业务。这一类的农产品经纪人综合实力比较强。在中国农产品流通经纪人协会组织的2010年度全国百强农产品经纪人评选活动中，进入百强的农产品经纪人年经营额在亿元以上的有71人，销售额最高28亿元，平均年经营额3.1亿元；利润最高3.128 9亿元，平均年利润2 173万元；资产总额最高27.414 8亿元，平均资产总额1.4亿元；安排就业最高2.12万人，平均安排就业数2 123人；带动农户数最高33万户，平均带动农户数2.6万户。这些百强经纪人的一个共同点，就是综合经营。

（二）农产品经纪人的作用

随着城乡经济的进一步繁荣和发展，农产品经纪人在农产品转化为商品、推动农业产业化进程、提高农民收入、促进地方经济发展等多方面发挥着积极的作用，经纪人队伍是农村社会化服务体系的组成部分，是农业产业化发展的重要力量和领头雁。

1. 加速农产品商品化

把农产品推向市场，加快农产品转化为商品的速度，需要有良好的流通渠道。农产品经纪人在这个方面可起到很好的沟通、中介作用。农产品经纪人可以把本地的农产品资源介绍给市场，把市场需求和本地生产紧密连接起来，在本地形成强大的商品优势，使资源优势能快速转化为市场优势。

2. 促进农业产业结构合理化

农产品经纪人的经纪活动可以促进农业产业结构合理化。一方面，作为生产和消费的纽带，一边连着农民的生产，一边连着市场上的需求，如何使农民的生产经营与市场需求相适应，农民经纪人可以发挥桥梁作用，让二者有机结合起来，使农业的产业结构顺应市场发展趋势而逐渐地趋于合理。另一方面，农民经纪人是促成农民与他人交易的关键联结点。农产品经纪人掌握着农产品的供求状况，担负着农产品市场变化的信息传递任务，对农业生产起着一定的引导作用，而且可以把零散的农产品集中起来进行交易，从而加快农业产业化的经营。

3. 形成销售规模化

经纪人按市场需求在产地组织产品到销售地，不断地把一家一户的产品归集起来形成规模化的销售，解决了农户产品分散的销售问题。农产品经纪人规模化销售带来的是生产规模的扩大、形成了具有区域特色的主导产品和产业，从而推动了区域经济的发展，如中牟的大蒜大葱、江苏的牛蒡、四川的红橘等在全国闻名。

（三）提高农产品经纪效率的方法

只有提高农产品经纪成功率，农产品经纪人才能获得良好的经济效益。熟悉经纪业务内容、善于捕捉信息、提高鉴别水平、提高自己的信誉度和增强风险防范意识，是经纪成功必不可少的因素。

1. 熟悉经纪业务

农村农产品经纪人应立足本职工作，自己要对本地农产品分布、数量了如指掌，熟悉要经纪的经纪业务内容，其中一些至关重要的问题，如：商品的品种、性能、特点以及市场行情和客户供需双方的实际情况等，必须摸清摸准，这样才能提高成功率。

2. 善于捕捉信息

在熟悉经纪业务的基础上，以经纪业务为核心，围绕相关的项目，及时、主动去捕捉信息，为经纪活动提供有预见性、指导性的参考信息。要熟悉市场，能正确判断市场的走势，善于从市场供求关系、商品品质价格差异和市场行情变化中发现商机、抓住商机，有针对性地进行贸易中介，这样必然能提高业务成功率，增加收入。

3. 提高鉴别水平

市场上的信息，数量多、来源杂、质量参差不齐，要用科学的方法，对原始资料进行归纳、分析、对比、综合,去粗取精,提炼出有价值的信息。

4. 提高经纪信誉度

随着经纪人队伍的不断壮大,一些经纪人表现出唯利是图的一面,如缺斤少两、压质压价等,让农民对经纪人产生了不信任感。农民需要的经纪人是讲诚信、重信誉的经纪人。经纪人的信誉好、知名度高,客户信任感就强,委托经纪的人就多。经纪人要以诚信为本,全心全意为客户服务,把自己的利益和委托人的利益绑在一起,必将得到客户的信赖,增强自身知名度。

5. 增强风险防范意识

农产品经纪人在获取相关信息时,对于一些"内幕消息""保证盈利"等蛊惑性词语应提高警惕,不偏信、不盲从。不法分子往往以此类虚假信息实施诈骗活动,农产品经纪人应增强防范意识,维护自身权益。

农产品经纪人的经纪方式	
方式	经营内容
代购代销	农产品经纪人可以接受外地客户的委托,在本地或交通便利的地方设点收购委托人所需的农产品,再批发给客户;或者可以为外地客户提供相关的农产品信息、组织货源,协助客户与农民商谈价格,从中收取中介服务费。
委托购销	对于本地农民生产的农产品,经纪人可以接受农民的委托在目标市场或其他地方设立销售点,然后与该地经纪人共同协作。具体做法是:由该地经纪人负责提供市场行情和销售渠道,由本地农产品经纪人负责组织货源和运输。这样双方经纪人联手经纪,把农产品推向市场。
分购联销	这种方式由多个农产品经纪人在农村设立不同的收购点,然后统一组织外销的一种经纪形式。在农户分布比较分散或外销的农产品数量比较大的情况下,需要多个农产品经纪人共同合作,使农产品相对集中,便于外销。

三、农村技术经纪人业务运作

苏州首位技术经纪人"牵线"成功获奖励

2013年4月,美国一所大学的沈宇平博士在苏州科技成果转化服务平台上发布了一项技术项目成果,技术经纪人朱士童为其牵线搭桥、积极撮合，最后被苏州一家企业"相中"，向沈博士支付了160万元的技术成果转让费。苏州市科技局按照规定，向朱士童颁发1.8万元的奖金。

技术经纪人朱士童说："我今天拿到这个奖励，也调动了我的积极性。所以说，我下面还有第二单、第三单……"

苏州市科技局副局长陶冠红说："技术经纪人将促进我们整个苏州的科技成果转化工作，使之更上一个台阶。"

草根或因独具慧眼的星探成为耀眼明星，作为技术交易领域的"星探"，技术经纪人能将沉睡实验室的成果经过一系列"包装"，打造为上市公司的拳头产品。目前，我国农业科研成果转化率低。许多农村为找不到适合自己的技术成果而困扰，相当一些科研单位又为开发出的技术成果找不到买方而苦恼。这种科研与农业生产脱节、缺少技术经纪人为双方牵线搭桥有关，那么，如何才能成为一名适应市场需要的农村技术经纪人呢？

随着技术成果商品化和技术市场开拓与发展，大力培植农村技术经纪人队伍，加速科技成果转化成农村生产力成为一种必然选择。

根据国家科学技术委员会颁布的《技术经纪资格认定暂行办法》，技术经纪人是指在技术市场中，以促进科技成果转化为目的，为促成他人技术交易而从事中介居间、行纪或代理等，并取得合理佣金的经纪业务的公民、法人和其他经济组织。农村技术经纪人，是农村专门从事为技术交易提供中介服务的个人，即技术商品交易的中间商人，他是技术市场上的重要推动力量之一。

农村技术经纪人活跃在广大农村，不但要懂技术，而且要会经营，以中间人的身份来推广各种高效新品种、新产品、新技术，提高农业科技含量，增强防范市场风险的能力，指导广大农民开展产品结构调整，为农民发家致富作出贡献，达到市场增效、农民增收。

农村技术经纪人业务内容

业务环节	各环节要点
经纪项目委托与决策	①分析技术成果的权属。 ②辨别技术成果的合法性。 ③了解技术成果的开发价值。
签订技术经纪委托书	①经纪委托书的内容。 ②签订技术经纪委托书的注意事项。
确定技术商品的价格	①一次性议价。 ②效益分成定价,包括三种形式:新增产值分成定价、新增利润分成定价和销售额分成定价。
订立技术合同	①代订技术合同。注意"自我代理"和"双向代理"的无效性,注意四种无效合同。 ②敦促履行合同的约定。 ③履行技术转让合同过程中应注意的事项。 ④敦促义务的履行。
订立技术中介合同	在委托方和经纪人签名、盖章后成立。

1. 经纪项目委托与决策

技术商品的经纪活动受到法律的严格规范,其中最主要的是《中华人民共和国合同法》中有关技术合同的规定。因此,在客户向技术经纪人提出买卖委托的要求后,技术经纪人不能贸然接受,必须注意以下三个方面的问题。

(1)分析技术成果的权属 技术成果有职务技术成果与非职务技术成果之分,前者的所有权属于国家科研单位、大专院校、集体研究机构等法人组织;后者的所有权属于个人。农村技术经纪人在技术成果转让的中介服务中,首先必须弄清所有权的归属。

(2)辨别技术成果的合法性 在国家颁布的一些科学技术法规中,有些科技成果是不允许农村技术经纪人参与经纪的。如国家基础科学的研究及其成果转化,国家尖端保密科技研究成果及其转化,破坏植被、造成环境恶化、违反涉外政策的科技转让等。农村技术经纪人必须充分了解国家的有关政策、法规,只要发现有不允许中介或经纪的技术成果,即使接到了有关方面的委托，也不应该经纪。只有这样，才能保证自己的经纪活动建立在合法的基础上。

（3）了解技术成果的开发价值　新产品、新技术是否具有开发价值，这对需求方农村来说至关重要，它关系到农村开发此项技术能否取得预期的经济效益，关系到一个地方"三农"发展的大事。因此，农村技术经纪人应为双方着想，特别是要为技术需求方的农村、农民考虑。该项技术是否具有开发价值，则一定要在接受委托前，最迟要在委托双方签订合同之前帮助需求方作出正确的抉择。

2. 签订技术经纪委托书

技术经纪委托书，是指农村技术经纪人或技术经纪机构为技术商品买方购买技术商品或者为技术商品卖方推销技术商品时，接受技术买方或卖方委托，为明确当事人之间的责权利、义务所订立的证明文书。

经纪委托书的作用：订立技术中介委托书，是委托农村技术经纪人进行技术商品交易中必需的一个环节。经纪委托书是开展技术经纪业务的依据；能够防止农村技术经纪人和技术经纪机构被技术商品卖方或买方甩掉，维护农村技术经纪人的合法权益；是解决经纪争议和纠纷的重要凭据，可以避免口头委托空口无凭的问题。

经纪委托书的内容

- 委托书名称：委托书的名称一般为"……委托书"或"……技术经纪委托书"。
- 委托人和受托人的基本情况：如果他们属法人组织，应写明具体单位名称（全名）、性质、法定代表人、住所、联系人、电话号码、邮政编码；若双方都属个人，应写明姓名、性别、年龄、籍贯、职业、原工作单位、住址、电话号码、邮政编码、身份证号码。
- 委托书的内容和权限：如果属于购买技术成果，应写明购买技术的内容、范围和具体要求等；如果是转让技术成果，应写明技术成果的名称和具体要求等。
- 委托期限：由于技术成果，特别是专利技术的时效性很强，不能无期限委托，所以委托书上应写明大体时限，或写明某年某月某日起至某年某月某日止。
- 委托定金数额：委托的定金数额是经纪人的活动费用；在委托书中一

定要给予明确。

- 委托书的终止：新农村技术转化经纪人在与对方签订正式技术合同时，应写明终止时间，并写明定金结算办法或方式。
- 委托书结尾：委托书结尾处必须由委托人、经纪人分别签名盖章，并写明签订协议的具体时间。

签订技术经纪委托书的注意事项

①掌握好订立协议的时机。在实际工作中，农村技术经纪人在接受委托时，一般是先以口头接受委托，待进行了介绍和联系工作后，并且确实有促进技术商品交易的较大把握时，再让委托人制作正式书面委托书。这样做，主要是为稳妥起见。

农村技术经纪人在接受委托人发出的正式书面委托书后，就必须严格按照委托书规定的委托事项、权限、期限开展其经纪活动。

②委托书订立后，农村技术经纪人有权辞去其委托。但应及时以书面形式通知对方。如果双方在委托书另有约定，则按约定办理。

③农村技术经纪人在接受委托和辞去委托时，均应持严肃慎重的态度，以维护信誉，否则，就有可能影响其技术转化经纪业务的开展。

3. 确定技术商品的价格

农村技术经纪人不仅要懂得技术商品价格的确定方式和有关原则，而且还要掌握定价谈判的经纪技巧。技术商品与一般商品的价格确定不完全相同，具有价值和价格不确定性的特征，技术商品价格的不确定性，决定了技术商品交易只能由技术买卖双方采取自由议价的方式来确定技术商品的价格，技术商品自由议价形式包括以下两大类。

（1）一次性议价　一次性议价是指供需双方对某项技术商品议定转让价格，一次转让，一次付款的方式。这种议价方式对卖方是有利的，因此转让价格一般要低一些，但有可能使买方承担较大的风险和责任。因为买方一次付清款项后,有可能出现卖方对技术商品售后服务不负责任的情况。而且买方在技术应用前,一次性支付技术转让费也有资金周转困难。所以,这种方式的交易,对买方而言是不太公平的。

(2)效益分成定价　效益分成定价是自由议价方式中比较理想的议价方式。因为,除了买卖双方可自由平等地确定价格外,更主要的是效益分成是在技术商品应用中取得实际效益之后进行的,因而技术商品的价格确定更科学、更正确。效益分成定价主要有下面三种定价形式:

效益分成定价的形式

1. 新增产值分成定价

新增产值分成定价是在技术产品转让时,约定技术商品使用后新增的产值按分成比例确定技术商品的价格。这样,新增的产值越多,技术商品的价格就越高。反之,在出现亏本或获利低于技术商品价值的情况下,买方仍要向卖方支付原定的产值,这对买方来说是不公平的。

2. 新增利润分成定价

新增利润分成定价是根据事先约定的新增利润的分成比例,按照技术商品的使用所带来的新增利润来确定技术商品价格的方式。由于技术买卖双方都关心利润,处于利益共享、风险共担的位置,因此,新增利润分成法,是一种一般情况下比较合理的自由议价方式。但其主要问题在于利润计算比较复杂,在技术卖方不能进行财务监督的条件下,也有可能由于买方将其他产品的生产费用转到应用新技术的成本中去,使卖方分成减少,甚至一无所得,这对卖方也不公平。

3. 销售额分成定价

销售额分成定价是根据相关产品的销售额和事先约定的分成比例来确定技术商品的价格。这种方式比较合理,既可以避免上述分成方式中的弊端,还可使技术商品的卖方关心买方技术应用效果,同时又可以避免利润分成方式中财务成本核算不确定的缺点。另外,从可能发生的纠纷及其解决来看,采用销售额分成方式比较便于裁决。

在买卖双方议定价格时，农村技术经纪人不仅要为委托人选择科学的价格确定方式，而且必须注意效益分成议价中的分成所限问题。效益分成的时间既不是限期的，也不是在尚未充分发挥技术商品效率时短期内。可以参考技术商品应用所获得产品的生命周期曲线来确定，一般为2～3年，多则可到5年。

4.订立技术合同

订立技术合同是科技成果转让的重要环节。技术经纪人在这一环节上的经纪工作是：与客户订立技术中介合同，代理客户订立技术合同，督促合同有关当事人履行技术合同约定的义务。

（1）代订技术合同　它是农村技术经纪人或技术中介机构以委托人的名义与第三方订立的技术合同，是技术转化经纪的一项重要任务。在技术商品转让中，客户可以借助代理人的专业技术知识、法律素养、工作经验、联系渠道和业务条件实现自己的目的，技术经纪人或技术中介机构则通过技术经纪服务，取得经济效益。法人、公民与技术经纪人或技术中介机构通过建立技术合同关系。可以从法律上保障技术转让工作的顺利进行，从而促进技术成果转化为生产力。

代订技术合同和无效合同

1.代订技术合同的合法性和有效性必须具备的条件

①新农村技术经纪人必须取得委托人的委托授权书，应明确经纪人的姓名或名称、代理业务、委托权限和期限、委托人的签名、盖章以及其他事项。代理人在以委托人名义与他人订立技术合同时，应向对方当事人出示委托书。

②订立技术合同时，新农村技术经纪人或代理人必须在委托权限和期限内。

③代理人必须以委托人的名义订立技术合同。如果代理人以自己的名义与他人订立技术合同，则对委托人不产生权利义务关系。

④代订的技术合同必须符合民事法律关系的基本要求。代理人以委托人的

名义同自己订立的技术合同，或者代理人以委托人的名义同其同时代理的其他委托人订立的技术合同，都不具有法律效力。简言之，代理人不能同时以同产品供求双方的委托人名义订立技术转让合同。前者是"自我代理"，后者属于"双向代理"，都只有代理人一方的意思表示，不符合双方当事人意愿表示一致的民事法律基本要求。

2. 无效合同的种类

在代订技术合同时，农村技术经纪人要注意以下几种无效合同：一是违反法律、法规规定，并且损害国家利益、社会公众利益的技术合同；二是非法垄断技术，妨碍技术进步的技术合同；三是侵害他人合法权益的合同；四是采取欺诈或胁迫手段订立的技术合同。农村技术经纪人或代理人对于这些无效合同，应向委托人说明这种合同的非法律约束力，但如果合同中部分条款无效，则不影响其余部分的法律效力，其余部分仍应视为有效合同部分。

新农村技术经纪人或代理人代理客户签订的技术合同，应包括以下条款：合同的项目名称；合同标的内容、范围和要求；合同履行的计划、进度、期限、地点、地域和方式；技术资料的保密说明和要求；实施风险责任的承担；技术成果的归属和利益的分成方法；验收标准和方法；价款或者报酬数额及其支付的方式；当事人如果违约所要交的违约金或者损害赔偿费的计算方式；解决争议的办法；名词和术语的解释。

此外，代理人应把与履行合同有关的技术背景资料、可行性论证和技术评价报告、项目任务书和计划书、技术标准、技术规范、原始设计和工艺文件，以及有关图纸、表格、数据和照片等，根据当事人的协议作为合同的附件形式加在正式技术合同之中。

在技术合同依法签订之后，即具有法律效力，新农村技术转化经纪人或代理人应督促当事人全面履行合同所约定的义务，任何一方都不得擅自变更或解除。

（2）敦促履行合同的约定　农村技术经纪人应督促委托人认真履行合同，若委托方违反合同，造成研究开发工作停滞或者失败，应支付违约或赔偿损失；同样，研究开发方违反合同，造成研究开发工作延误，除应当采取补救措施继续履行合同外，还应当支付违约金或赔偿损失，造成研究开发工作失败的应退回全部或部分研究开发经费和报酬，支付违约金或赔偿损失。

（3）敦促义务的履行　若当事人双方订立的是技术咨询合同，则农村技术经纪人有责任督促技术咨询合同的委托方按照合同的约定提供技术背景材料及有关技术说明，按期接收顾问方的工作成果，并向对方支付报酬。同时，农村技术经纪人也应督促技术咨询合同的顾问方履行其义务，包括按照合同约定期限完成合同规定要求的咨询报告，若技术咨询合同的委托方违约，从而影响工作进度和质量，则其所付的报酬不得追回，而且未付的报酬应当如数支付；若技术咨询合同的顾问方违约，则应当减收或免收报酬，并支付违约金或者赔偿损失。

5. 订立技术中介合同及其条款

通过协商，在技术交易的双方订立技术合同的同时，农村技术经纪人还应与委托人订立中介合同，也可以在交易双方订立的技术转让合同中约定相关的中介条款。由委托方与农村技术经纪人订立的技术中介合同，在委托方和经纪人签名、盖章后成立。

农村技术经纪人在履行技术转让合同过程中应注意的事项

提醒双方在技术转让合同中注明技术成果的名称、专利申请人和专利人、申请号、专利号以及专利权的有效期限等。

督促专利实施许可合同的转让方履行必要的义务。主要包括：交付实施专利有关的技术资料，提供必要的技术指导，使许可受让方在合同约定的范围内实施专利，同时，农村技术转化经纪人必须敦促专利受让方在合同约定的范围内实施专利，不能由第三方实施该专利，并按合同约定支付使用费。

农村技术经纪人所中介的双方，如有违反技术转让合同的行为，技术转化经纪人可以接受委托，敦促受约方承担违约责任，包括停止违反合同的行为，支付违约金或赔偿损失。

四、农村劳务经纪人业务运作

一个劳务经纪人的成功之路

1. 以"志"创业——奋起甩掉贫穷

向久友出生于贫苦农家。初中毕业时，他的父亲身患喉癌，这使贫困的家境雪上加霜。"不能坐以待毙了，我要走出大山，挑起家庭重担！"可挑重担的每一步总是饱含艰辛和汗水。起初，他只能在城里当"棒棒"、做小工，晚上就寄身窑洞，这样苦苦干了4年。1994年，通过借贷，他开了一个小石场，可仅仅开工半个月，一场无情的山洪就冲走他的3名工人和全部家当。那时，他痛不欲生，曾感山穷水尽。但最终，在政府及亲友的帮助下，他熬过来了。其后6年，他又当"棒棒"、做瓦工，挣钱糊口。2002年，他抓住三峡移民搬迁机遇，组织队伍搞拆迁，挖到第一桶金。2004年，他瞄准新县城物业管理市场空白，注册成立兴友物业管理有限责任公司。2006年底，随着巫山奏响打造劳务"第一经济"的号角，他筹建起重庆众辉劳务公司驻巫山办事处，进入他从此执着付出的劳务经纪人行业。

2. 以"诚"立业——诚信换得人心

无论身份如何变化，向久友始终坚持以心换心、诚实守信的做人原则，也正因如此，他深得求职者和农民工信任。为给求职者找到一份可靠的工作，他总会寻求各种机会了解企业用工待遇、工作生活环境、信用程度等情况。凡是由他公司介绍出去的，都可以按事先承诺先在他公司拿头两个月工资，待外出工作稳定、工资兑现后再予返还。对于经济困难缺少路费的农民工，他总是倾囊相助。3年来，通过他垫付路费外出务工的已达300余人，累计垫资超过15万元。农民工外出后的就业和生活状况始终是他的牵挂。2007年，由他介绍到东莞某模具厂的赵耀林因上班时铁屑崩入眼中，造成左眼球膜破裂以致失明，厂方拒绝治疗和赔偿。向久友夫妇立即奔赴广东为他维权。起初，厂方毫不买账，维权一时陷入僵局。在争取到当地有关部门支持后，厂方才被迫将赵送至医院检查治疗。随后，为处理术后赔偿事宜，他再赴广东，同厂方据理力争，为赵耀林争取到应有赔偿，可自己也为此花费了4 000多元。事后，赵拿出2 000元感谢他，被他断然拒绝。之后，更多的人信任他了，到他公司求职登记的人络绎不绝。

3. 以"企"养业——创业带动就业

"自己能创业致富，才有说服力，也才能带动更多的人就业！""棒棒军"出身的他，有钱垫付农民工路费、先行支付农民工工资，都得益于他创建的企业。当初搞旧城房屋拆迁时，头脑灵活、办事踏实的他被村民们推举为队长。他注重加强拆迁管理和技术培训，所带的拆迁队训练有素，队伍不断壮大，为他日后的劳务事业打下了坚实的经济基础。拆迁结束后，他又应市而生，注册成立物业管理公司，不但个人增收致富，还直接带动县内157人就业，其中70%以上是移民，20%左右是城镇下岗职工。2009年，他还以此为阵地，培训家政、保安等品牌农民工200余名，均实现就业。

近年来，他获得重庆市十佳农村劳务经纪人、重庆市三峡移民劳务经纪人先进个人等荣誉共13次。多年来的创业奋斗，向久友解放了思想，练就了胆识，摆脱了贫困，带动了致富。如今，在发展劳务就业创业、引领群众脱贫致富的阳光大道上，他迈出了更坚实的步伐。

随着我国农村经济结构调整的深入进行，农村的富余劳动力越来越多地流向市场，转向非农产业，特别是到大中城市打工。他们会遇到很多困难，十分需要有人帮助和引导，在这种情况下，农村劳务经纪人的作用就显得十分重要。

试分析，农村劳务经纪人的服务范围包括哪些，业务操作流程是什么。

农村劳务经纪人是指为劳动力供求双方提供居间或者代理服务，充当农村劳动力供求双方的中介，并收取服务费的农村公民、法人和其他组织机构。

农村劳务经纪人主要类型
- 定点型农村劳动力经纪人：指经纪人有固定的经纪活动的地点，劳动力供求双方均可以到固定的地点提出自己的要求，委托经纪人办理。
- 流动型农村劳动力经济人：指经纪人穿梭于城乡的劳动力提供者和需求者之间，专门从事劳动力中介活动的人。
- 劳动力信息经纪人：指通过网络等媒体以及其他手段，寻求劳动力的供求客户，为客户提供劳动力市场信息，获取信息服务费。

农村劳务经纪人服务内容一览表

服务范围	具体内容
信息服务	包括劳动力供需及其变化趋势等信息的收集和发布。
咨询服务	包括择业、就业、聘用、管理、社会保障等相关政策、法规的咨询。
指导服务	包括劳动者职业能力的测评，职业分析与评价，求职方法，就业设计及用人单位聘用、使用人才观念和方法指导等。
介绍服务	包括求职者和招聘人面谈，介绍就业和推荐用人，举办招聘洽谈会，引导劳动者流动就业等。
委托服务	指经劳动保障行政部门专门认定的职业中介机构，接受用人单位和求职者的委托存放档案，办理劳动合同签订及有关职业培训和社会保障等事务。
其他服务	农村劳务经纪人还要尽义务帮助求职者和用人单位开展包括就业登记、单位用人备案、职业介绍服务中的争议处理，还可以协助有关行政部门进行劳动力市场监督检查等工作。

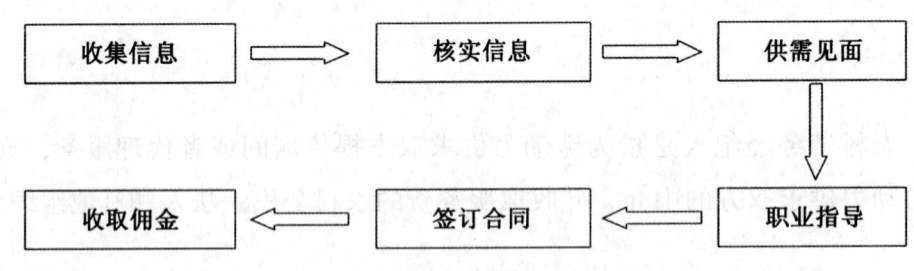

农村劳务经纪人的操作规程

1. 收集信息

农村劳务经纪人广泛、适时收集信息十分重要，其核心是获取劳动力供求信息,它直接关系到经纪人的经纪机会与经纪效率。获取信息的途径有:媒体宣传、广告、信息网络以及经纪人与社会建立的联系。掌握劳动力供求,主要从两个方面进行调查:一是了解劳动力资源的数量、质量、构成和时空分布;二是通过各种途径了解用工单位对劳动力的需求情况,掌握用工单位的性质、需要招聘的人数、工种要求、工资待遇等。建立劳动力供求报表,如有条件,可以建立劳动力供求的数据库,以便查询和分析。

2. 核实信息

为了保证获得的劳动力供求信息的真实、准确,经纪人应认真核实获得的信息。一是审核求职者的信息。主要核实求职者向经纪机构提供乡镇以上的介绍信、身份证、学历证、健康证等证件是否齐全,查验求职者提供的性别年龄身高体重、健康状况、劳动能力、择业愿望、文化程度、工资要求等的真实性和合法性。二是审核用人单位提供的信息。主要核实用人单位向经纪机构提供用工申请、招工简章、用人单位有关的资信资料中的单位性质、地址、招聘人数、招用条件、用工形式、工作期限、录用办法、劳动报酬和福利待遇等情况,查验用人单位的真实性和用工的合法性。

3. 供需见面

农村劳务经纪人根据自己掌握的劳动力供需的详细信息,进行组合搭配,牵线搭桥,在供求双方认为需要时,组织召开供需双方洽谈或者双方个别接洽,为用工单位和求职者提供见面机会,这是用工单位和求职者进一步拉近距离的重要环节。

4. 职业指导

职业指导是指向求职者和用人单位提供就业政策和就业信息等方面的咨询与服务,为求职的农民合理选择职业、提高职业适应性提供咨询服务,为劳动者和求职者搭建双向选择的桥梁,促使劳动力供求双方实现双向选择,加速农村劳动力的转移,促进城乡经济共同发展。职业指导分为求职指导和用人指导。

5. 签订合同

求职者和招聘者经过面谈、洽商,达成共识,相互意向选择对方,农村劳务经纪人就要抓住时机,帮助签订劳动合同,明确工种、用工期限、劳动报酬、福利待遇等,农村劳务经纪人要督促实施。在双方发生劳动争议时,要协助劳动力市场主管部门进行调查调解，合理解决矛盾，切实维护当事人的合法权益。

6. 收取佣金

根据有关规定，农村劳动力经纪人指导求职者和用人单位建立劳动关系，订立劳动合同，就完成了中介工作，依法收取合理的佣金。

对求职者和用人单位的指导操作

1. 对求职者的指导操作

采取个人面谈、集体座谈、大会报告、集中授课、通信联系等方式开展职业指导工作。向供求双方分析和提供社会用工发展和劳动力市场供求变化趋势；对求职者进行素质和劳动技能的测试、评价；帮助求职者了解社会职业结构变化情况，掌握求职的方法，确定择业的方向，增强择业能力；向求职者提出培训建议，并帮助向就业培训机构推荐等。

2. 对用人单位的指导操作

农村劳务经纪人要根据用人单位提供的基本情况和用人要求，以及劳动力市场供求状况等信息，对空缺岗位及用人单位的要求进行分析，帮助用人单位调整相关政策和管理方式，提出培训单位内部工作人员的建议，并向用人单位适时提供相关信息和服务，促进树立正确的用人观念，规范用人行为。

五、农村文化经纪人业务运作

活跃农民文化离不开农村文化经纪人

时近年底，要找文化经纪人王进喜很难。他白天晚上不回家是很平常的事，整天拿着戏目单，到交通不便的企业、村委会、老年协会，上门为剧团联系演出。目前，富阳有一批像王进喜这样懂业务、懂经营的农村文化经纪人，全职的已经有10多人，临时客串的就更多了。据统计，富阳市13家越剧团中，有近50%的演出场次是由王进喜这样的农民文化经纪人联系安排的。

富阳的越剧艺术源远流长，爱听越剧的人很多，越剧名角徐玉兰就在富阳出生和学艺。近年来，除了原有的杭州越剧三团外，富阳又出现了10多家由农民自筹经费、自组班子的民间越剧团。富阳丽华越剧团团长简柏松说："像我们这样的剧团每年要演出四五百场，才能维持正常运转。每演一次，人员、道具一大堆，转一次场要花很大代价和精力。我们根本没有时间去找市场……"而富阳农民群众对戏曲演出存在着旺盛的需求——受降镇大三角村的村民告诉笔者，只要有剧团上门演出，村里的老戏迷"听见锣鼓响，脚板就发痒"，是一定要赶去看的。剧团要找市场，市场要找剧团，这让"文化经纪人"有了用武之地。

这些"经纪人"大多是原先的文艺骨干和供销员，活动能力比较强。他们熟悉艺术，又懂经济，能根据当地群众的需求和品位，物色适合的演出团体；同时也接受剧团的委托，到各地联系演出。有了文化经纪人牵线搭桥，富阳农民看演出也省心多了。通过经纪人，演出的透明度提高了，观众可以货比三家。大家挑剧团、比价格、定日期等都很方便。这在一定程度上也使农民看戏的成本更低了。

要当好文化经纪人也不容易。王进喜说，除了联系客户，他们必须为剧团安排好活动程序，尽力做好相关的演出服务工作。演出后，他们还要听取观众的意见，向剧团反馈有关信息。富阳市文化局长董毓民对笔者说：现在富阳农民要看质量上乘的文艺演出，要找文化经纪人，而剧团要安排演出档期，也要找文化经纪人。富阳的农民文化经纪人已经成为连接观众和剧团不可或缺的"桥梁"。

与城市相比，目前农村的文化生活依然很匮乏，农村文化活力不足，也使得种种不良文化乘虚而入。为了改善农村文化生活现状，近些年来，从中央到地方，各级政府部门积极采取了一系列扶助措施，比如建设"农家书屋"，组织"送戏下乡"，实施"农村文化低保工程"等。这些举措深受农民欢迎，收到了一定效果。但是，也应看到，

> 政府部门的扶助终归只是外力作用，活跃农村文化需要外力的推动，更需要内力的呼应，农村文化经纪人便是不可或缺的内力。
>
> 作为推动农村文化市场发展的内力，农村文化经纪人应该如何进行业务活动才能发挥最大作用？

农村文化经纪人是活跃在农村文化演出市场，为文化供需双方牵线搭桥的专职队伍。农村文化经纪人不仅熟悉农村老百姓的文化需求，同时又懂得经营，具有专业背景，他们可以在农村文化活动、项目、产业与文化市场中寻找到最佳结合点，通过文化项目推介会和各类经营性演出，满足农民文化生活的需要，活跃农村文化市场，且能够降低文化交易成本。

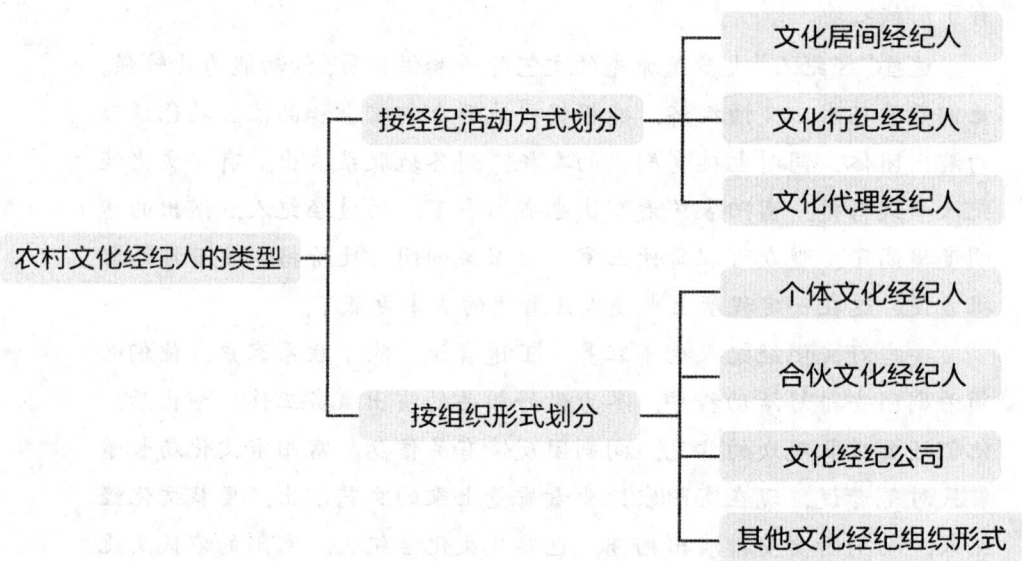

农村文化经纪人提高经纪效率应从以下几方面做起。

1. 提高品德修养

农村文化经纪人既是农村文化市场的代表，也是交易双方的顾问。农村文化经纪人素质的高低决定着其提供服务的水平高低，更关系到经纪业务的成败，因此，只有具备较高的素质才能成为一名合格的农村文化经纪人。文化经纪人提高品德修养要做到：遵守文化经纪人职业道德，有良好的职业素养；坚持诚信原则，对待业务协作关系和承诺言行一致，一诺千金；具备忧患和进取意识，有坚韧不拔的毅力等。

2. 充分了解文化消费者

消费者的文化需求是文化市场的导向，文化经纪人必须了解消费者的文化需求和文化消费特征，如消费倾向、消费层次和消费心理等，做到有的放矢，才能有效地激发消费者的消费动机和欲望，使文化产品适销对路。

3. 善于捕捉文化市场信息

文化经纪人要善于捕捉和传递与文化市场有关的各种信息，把握信息的时效性，鉴别信息的真实性。

4. 具备丰富全面的文化艺术专业知识

文化经纪人不仅要精通中介领域的专业知识，而且要成为文化艺术的行家里手。只有这样，才能与文艺创作者产生共同的语言，才能与他们建立良好、长久的关系。

5. 培养经营管理能力

成功的文化经纪人应该是一名出色的经营管理人才，在保证演出效果的前提下，要善于评估和提高演出的经济收益，在演出的过程中不断降低成本、减少消耗。

另外，作为一名合格的农村文化经纪人还要具备一定的法律知识和风险意识。文化经纪人要了解有关经纪往来的法律法规，了解国家法律严令禁止的行为，不得危害国家、集体和他人的利益。文化经纪活动具有一定的风险性，如文化市场的变化、国家政策的调整、气候条件和交通状况等，经纪人在决策时要谨慎，在安排时要周密，时刻保持清醒的头脑。

六、农村保险经纪人业务运作

保险经纪让农民吃上定心丸

丰辉和陆颉是某地的果农,他们都种植了梨树。一直以来,梨树的种植给他们带来了良好的收益和颇高的利润。

2007年上半年风调雨顺,丰辉的梨树没有遭受任何灾害。正当他期待一场大丰收之时,一场突如其来的意外却让他不知所措。

2007年6月底,一场风灾让他所在镇的果树不同程度受了害,丰辉的梨树也没能幸免,而且受害的程度最为严重。看着即将成熟的梨刮掉在地上,丰辉心疼不已,一连几天坐在遭受灾害的梨树前抽闷烟。妻子看到他这样也不敢多言,她知道丈夫心里难受,她也听说个别广东的果农因为这次灾害而自杀,心里不免多了几分担忧……

一天,丰辉遇到了几个朋友,他们相互谈起了自己的梨树。朋友说,可以找找果树协会,看看能不能赔。

在朋友的提醒下,丰辉想起了自己曾给果树上过保险,于是他马上和本地的果树协会取得了联系。在得知丰辉的情况后,果树协会迅速将灾情上报了果树产业协会风险互助金管理委员会,并在第一时间作出反应,派工作人员到村里勘查灾情。

之后,事情进展得很顺利,果树协会在勘查灾情后确定了丰辉受灾的程度,并根据受灾情况给予了他理赔。丰辉领到了4 680元互助金,他庆幸自己当时上了"风险互助险",如今才不至于损失严重。丰辉决定,他以后还要为自己的果树上保险。这样,万一自家的树遭到什么灾害也可以有保障,毕竟像这样的自然灾害是无法预料和预防的,买了保险在灾难发生以后就会有所补偿。这样农民的心里也比较踏实些,不然自己辛辛苦苦培育出来的果树就等于白费了。

现在,他可以利用这笔钱再种植一批梨树,把所受的损失弥补回来。

和丰辉有同样感受的人还有很多,陆颉就是其中一个。陆颉是另外一个村的农民,尽管他只承包了10亩梨地,但他已经是风险互助的"老客户"了。2006年果树协会在搞风险互助试点的时候,他就为自己的10亩地每亩投保120元,共计1 200元。2007年他继续为果树投保。由于陆颉所种植的梨树2006年没有遭受任何灾害,按照规定可以"优惠"10%,所以他2007年只交了1 080元保费。

2007年6月,陆颉的梨树也遭了风灾,经过果树协会的勘查,最后他拿到了2 400元互助金。

农村生产和农民收入始终面临自然风险和社会风险的困扰。保险作为经济保险制度,在农村有巨大的市场。鉴于保险业务的不断拓展,承保技术的日趋复杂,如果没有保险中介人发挥代理作用,保险是难以完成的。

农村保险经纪人就是其中的中介人之一,那么,如何才能取得农村保险经纪人资格,并成为一名合格的农村保险经纪人呢?

农村保险经纪业务是指农村保险经纪人代表投保人选择保险公司,洽谈保险合同条款,代办保险手续的经纪活动。保险经纪人是基于投保人的利益,为投保人与保险人订立保险合同提供中介服务,并依法收取佣金的单位。由于农村保险经纪人实际上是在为保险公司招揽生意,因此农村保险经纪人的报酬由保险公司支付。

保险经纪人与保险代理人的性质与责任

类别	性质	责任
保险经纪人	是基于投保人的利益,为投保人与保险人订立保险合同提供中介服务,并依法收取佣金的单位。	代表客户的利益,向客户负责,帮助客户选择最适合的保险公司、最合理的价格、最优越的承保条件并提供全面的风险管理服务和各项增值服务。
保险代理人	是指代表被保险人在保险市场上选择保险人或保险人组合,同保险方洽谈保险合同条款并代办保险手续以及提供相关服务的中间人。	是指代表保险公司的利益,向保险公司负责,为保险公司推销保险产品。

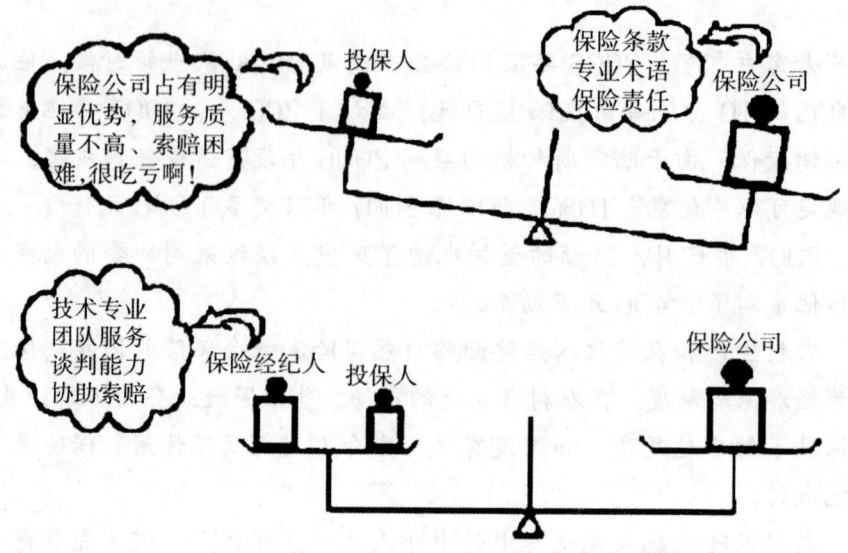

投保人与保险公司信息不对称,在投保过程中处于劣势地位,而保险经纪人能凭借自己全面的保险知识和科学的方法,维护投保人的利益,减少投保人因不了解保险知识而带来的不必要的纠纷,促进保险市场的公平交易和有序竞争。

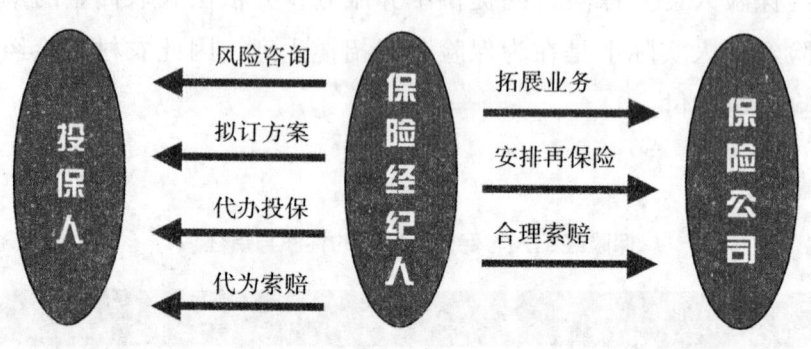

从图中可以看到,保险经纪人通过向投保人提供风险咨询、拟订方案、代办投保、代为索赔等服务,使投保人充分认识到经营中存在的风险,并参考保险经纪人提供的全面的专业化的保险建议,使经营中所存在的风险得到有效的控制和转移,达到以最合理的保险支出获得最大的风险保障,降低和稳固了经营中的风险管理成本,保证了企业的健康发展。

另外，因为保险经纪人的业务最终还是要到保险公司进行投保，保险经纪人量的增加会引起保险公司整体业务量的增加，从而降低了保险公司的展业费用；在保险市场上，保险经纪人把保险公司的再保份额顺利地推销出去，消除了保险公司分保难的忧虑，大大降低了保险公司的经营风险；保险经纪人代为办理保险事务，减少了被保险人因不了解保险知识而在索赔时给保险人带来的不必要的索赔纠纷，提高了保险公司的经营效率。

保险经纪人业务优势

- 较全面地掌握保险理论，具备专业的保险技能，能够准确细致地调查并识别客户所面临的所有风险。
- 用科学的方法，识别与衡量风险可能造成的损失频率与损失的幅度，估测最大与最小的损失幅度（值）。
- 用规范严谨的"保险语言"向保险公司阐释客户的保险需求，并正确理解保险公司用"保险语言"作出的各项承诺。
- 正确理解保险公司的各种复杂的保险条款，并从中作出正确的选择。
- 对保险公司所给予的费率、免赔额等承保条件进行充分的研究和正确的判断，经过谈判，合理地选择最佳的保险公司及其产品。
- 指导客户正确地履行保险单中所规定的投保人和被保险人应承担的各项义务。
- 一旦出险，在防止损失扩大的同时，按照保单要求，及时、准确地向保险公司提供其所要求的各类索赔单证和材料。

农业保险的种类

农业保险按农业种类不同分为种植业保险、养殖业保险。

1. 种植业保险

（1）农作物保险　农作物保险以稻、麦等粮食作物和棉花、烟叶等经济作物为对象，以各种作物在生长期间因自然灾害或意外事故使收获量价值或生产费用遭受损失为承保责任的保险。在作物生长期间，其收获量有相当部分是取决于土壤环境和自然条件、作物对自然灾害的抗御能力、生产者的培育管理。因此，在以收获量价值作为保险标的时，应留给被保险人自保一定成数，促使其精耕细作和加强作物管理。如果以生产成本为保险标的，则按照作物在不同时期、处于不同生长阶段投入的生产费用，采取定额承保。

（2）收获期农作物保险　收获期农作物保险以粮食作物或经济作物收割后的初级农产品价值为承保对象，即作物处于晾晒、脱粒、烘烤等初级加工阶段时的一种短期保险。

（3）森林保险　森林保险是以天然林场和人工林场为承保对象，以林木生长期间因自然灾害和意外事故、病虫害造成的林木价值或营林生产费用损失为承保责任的保险。

（4）经济林、园林苗圃保险　这种险种承保的对象是生长中的各种经济林种。包括这些林种提供具有经济价值的果实、根叶、汁水、皮等产品以及可供观赏、美化环境的商品性名贵树木、树苗。保险公司对这些树苗、林种及其产品由于自然灾害或病虫害所造成的损失进行补偿。

2. 养殖业保险

（1）牲畜保险　牲畜保险是以役用、乳用、肉用、种用的大牲畜，如耕牛、奶牛、菜牛、马、种马、骡、驴、骆驼等为承保对象，承保在饲养使役期，因牲畜疾病或自然灾害和意外事故造成的死亡、伤残以及因流行病而强制屠宰、掩埋所造成的经济损失。牲畜保险是一种死亡损失保险。

（2）家畜保险、家禽保险　以商品性生产的猪、羊等家畜和鸡、鸭等家禽为保险标的，承保在饲养期间因自然灾害、意外事故及疾病、瘟疫造成的死亡损失。

（3）水产养殖保险　以商品性的人工养鱼、养虾、育珠等水产养殖产品为承保对象，承保在养殖过程中因疫病、中毒、盗窃和自然灾害造成的水产品收获损失或养殖成本损失。

（4）其他养殖保险　以商品性养殖的鹿、貂、狐等经济动物和养蜂、养蚕等为保险对象，承保在养殖过程中因疾病、自然灾害和意外事故造成的死亡或产品的价值损失。

> **延伸阅读**

小车轮"转"出物流大产业

邯郸市装备制造园区、肥乡城北商贸园区和城南物流园区成功合并升级为省级经济开发区；青兰高速肥乡服务区每天进出车辆2 000多部，由原来的双向4车道扩建为双向6车道，成为河北省最繁忙的服务区之一；华信汽贸集团位列"全省百强民营企业"第49位……行走在绿树成荫的309国道或宽阔笔直的青兰高速下道口上，一辆辆满载货物的大货车往来穿梭，繁忙热闹；沿途煤炭储销市场、汽车修理厂、汽车配件销售和轮胎销售门市、加油站等行业，商贾云集，店铺林立，一派竞相发展的繁华景象。这是肥乡县依托交通区位优势，大力发展汽车运输业催生现代物流业大繁荣、大发展的结果。目前，该县拥有各类货运车辆6 600余部，年货运量约8 000万吨，创造营业收入100多亿元。交通运输业和商贸物流业税收收入在全县财政收入的比重逐年递增，去年达56.3%，成为县域经济发展的支柱产业。

车轮滚滚聚财源，人才建设是关键。该县运输业、物流业的繁荣发展，得益于拥有一支精明强干的经纪人队伍。王长金是肥乡县大寺上村人，多年来，凭着人脉广、信息灵、渠道多、信誉好等特点，频繁往来于山西、山东等地联系业务、协调关系，帮助7家"有车无活"的运输公司"起死回生"。目前，像王长金一样的汽运物流经纪人在肥乡县有160多人，他们常年奔波于山西、山东、天津、北京、大连、武汉、广州、新疆等地，每年间接创造经济效益3亿元。如今的肥乡人再也不是过去端着金碗要饭吃、面朝黄土背朝天的农民了，富裕起来的村民不仅盖起了洋楼、住进了新房，还开着现代、本田、大众、奥迪等高级轿车谈业务、跑市场，实现了几代人梦寐以求的梦想。"现在的年轻人根本不用到外地去打工，有头脑的还可以到山西或山东，跟着常年在那里跑生意的老乡长长见识，机会合适了，就能淘到财富呢！"该县运管办主任王东保说，为了打造汽运物流业的大运输、大商贸、大流通，实现大发展、大繁荣目标，该县制定了运输物流行业集团化、集约化发展思路，计划利用5年时间，建设税收超千万元企业5家，超500万元企业10家；全县拥有货运车辆10 000部，运营能力达1亿吨，营运收入达150亿元，实现税收突破3亿元大关，建设成为"全国运输大县"。我们相信，在不久的将来，肥乡县的车轮子会跑得更远、跑得更有奔头。

近年来，一些地方时常出现农产品滞销、农民增产不增收现象，而城市居民又被农产品价格过快上涨困扰。出现这种买难卖难问题，原因是多方面的，其中一个重要原因是农村物流体系不健全，造成产销衔接不畅、流通成本过高。这不仅给农民和农业生产带来损失，加大了物价上涨压力，而且制约现代农业发展和农业效益提高。因此，发展农村物流体系非常重要和紧迫。发展现代农业是社会主义新农村建设的首要任务，发达的物流产业和完善的市场体系是现代农业的重要保障。只有强化农村流通基础设施建设，发展现代流通方式和新型流通业态，才能培育多元化、多层次的市场流通主体，构建开放统一、竞争有序的市场体系。

物流是指为了满足客户的需求，以最低的成本，通过运输、保管、配送等方式，实现原材料、半成品、成品或相关信息进行由商品的产地到商品的消费地的计划、实施和管理的全过程。农村物流是一个相对于城市物流的概念，它是指为农村居民的生产、生活以及其他经济活动提供运输、搬运、装卸、包装、加工、仓储及其相关的一切活动的总称。

农村物流信息经纪人可利用现代发达的网络和电子商务拓宽经营渠道，利用信息化手段更好地实现农超对接、小生产和大市场对接，起到联系农户和市场的桥梁纽带作用，为农民增收、农业增效提供保障。

单元五
农村经纪人法律知识

> **单元提示**
> 1. 农村经纪人必备的法律知识。
> 2. 常见的农村经纪合同（委托合同、行纪合同、居间合同）。
> 3. 农村经纪合同纠纷的处理。

一、农村经纪人必备的法律知识

（一）经纪人管理办法

1. 主要内容

《经纪人管理办法》主要内容包括：经纪人的界定及组织形式，经纪执业人员执业备案及经纪执业人员基本情况公示，工商行政管理机关对经纪人及经纪执业人员的信用管理和经纪人的行为规范等。

2. 具备农村经纪人的条件

尽管现在农村经纪人的概念已经逐渐深入到大家的心里，但是有很多被我们称为"农村经纪人"的农民朋友，还不具备真正的"经纪人"的条件，甚至没有取得合法的身份，所以他们的经纪行为经常受阻，既领不到税票，也不能与农民和经营者签订合同。

经纪人培训考核发证由县以上工商行政管理机关组织实施，也可以委托有关单位进行。培训考核的内容为从事经纪活动所需要的知识和技能以及有关法律法规、职业道德等。经培训考核合格发给证明，凭考核合格证明，向发照的工商行政管理机关申请，经核准后发给《经纪人资格证书》。

取得农村经纪人资格证书的条件

①具有完全民事行为能力。
②具有从事农业经纪活动所需要的知识和技能。
③有固定的住所。
④掌握国家有关的法律、法规和政策。
⑤申请经纪资格之前连续三年没有犯罪和经济违法行为。
具备以上条件的人员，还要经工商行政管理机关考核批准。

经纪人培训考核发证由县以上工商行政管理机关组织实施，也可以委托有关单位进行。培训考核的内容为从事经纪活动所需要的知识和技能以及有关法律法规、职业道德等。经培训考核合格发给证明，凭考核合格证明，向发照的工商行政管理机关申请，经核准后发给《经纪人资格证书》。

温馨提示：

拿到了《经纪人资格证书》不等于就是合法的经纪人，还需要申请个体工商户《营业执照》，根据《经纪人管理办法》第十一条——符合下列条件的人员，可以申请领取个体工商户《营业执照》，成为个体经纪人：有固定的业务场所；有一定的资金；取得经纪资格证书；有一定的从业经验；符合《城乡个体工商户管理暂行条例》的其他规定。取得了经纪人资格证书、营业执照，就从根本上解决了经纪人名不正言不顺的问题。

但是，作为一个合格的农村经纪人，除了要具备《经纪人资格证书》《营业执照》等这些必要条件外，还要具有捕捉市场信息的意识和技巧、市场营销的基本知识、对相关法律法规的了解、熟悉计算机操作等这样一些条件。

经纪实例——经纪人培训是提高素质的重要途径

据报道：为提高和发挥农村经纪人在搞活农产品流通、引导农业产业结构调整等方面的作用，2013年1月26日重庆市铜梁县大庙工商所举办了农村经纪人培训会，对辖区3个镇50名农村经纪人进行了培训。此次培训首先通过对《经纪人管理办法》《合同法》等的学习，使参训人员进一步明确了经纪人的权利和义务，了解如何在农产品订单合同中运用法律维护双方合法权益。同时，还培训了农村经纪人经纪的技能，其中包括：农产品包装与营销、农产品运输"绿色通行证"的办理、农产品商标注册、使用和续展等方面的知识，并结合农资市场监管实例，对如何识别劣质化肥、种子、农药等进行了讲解，有效地提高了农村经纪人的经纪执业能力。通过此次培训，增强了农村经纪人的法律法规意识，提升了经纪人的业务能力。

目前全国各地都进行了农村经纪人的培训，取得了明显的效果。

延伸阅读

农村经纪人的权利和义务

1. 农村经纪人的权利

（1）佣金获取权 《合同法》规定，居间人促成合同成立后，委托人应当按照约定支付报酬。对居间人的报酬没有约定或者约定不明确，依照本法第六十一条的规定仍不能确定的，根据居间人的劳务合理确定。因居间人提供订立合同的媒介服务而促成合同成立的，由该合同的当事人平均负担居间人的报酬。居间人促成合同成立的，居间活动的费用，由居间人负担。

《经纪人管理办法》规定，经纪人依法从事经纪活动所得佣金是其合法收入。经纪人收取佣金不得违反国家法律法规。据此，农村经纪人请求支付佣金须以委托人与第三方成立活动为前提条件，其请求支付佣金的时间一般是在委托人和第三方的交易合同成立后，当然，当事人如有特别约定，从其约定。如果委托人已经支付佣金，而合同没有成立，或者合同虽已成立但因其他原因农村经纪人不享有报酬请求权的，委托人可要求其返还。

（2）费用请求权　《合同法》规定，居间人未促成合同成立的，不得要求支付报酬，但可以要求委托人支付从事居间活动支出的必要费用。因此，如果农村经纪人未能促成合同成立，其仍能请求支付必要的费用。

江苏省如皋市萝卜经纪人张某，受本市蔬菜加工厂的委托，要求其联系3 000千克萝卜，按照总售价5%支付报酬。张某积极联系本乡种植萝卜的农户，为达到加工厂的要求，还亲自几次自费坐车到该厂看样品。但由于其他原因，未能促成交易。张某能要求该厂支付车费以及餐费吗？

（3）损害求偿权　农村经纪人从事经纪活动时，因委托人的过错受到损失的，可以向委托人请求赔偿损失。经纪合同不能随意解除，因委托人擅自解除合同给农村经纪人造成损失的，除不可归责于该委托人的事由外，委托人应对农村经纪人赔偿损失。

2. 农村经纪人的义务

（1）基于诚实信用产生的义务　农村经纪人从事居间活动时，应就其所知的与订立合同有关的事项如实向委托人告知。如果农村经纪人故意不履行如实告知义务或者提供虚假情况，损害委托人利益的，其不仅不能请求支付佣金，还要对委托人承担损害赔偿责任。除此之外，农村经纪人基于诚实信用原则需要履行及时通知、协助、保密等附随义务。

（2）报告订立合同的机会或者提供订立合同的媒介服务的义务　居间业务根据居间人所接受委托内容的不同，既可以是只为委托人提供订约机会的报告居间，也可以是为促成委托人与第三人订立合同进行介绍或提供机会的媒介居间。在报告居间的情形下，农村经纪人应向委托人报告订立合同的机会。在媒介居间的情形下，农村经纪人应承担媒介服务的义务，为委托人和第三方的交易实现提供机会并创造条件，促使交易双方之间合同的成立。

（3）损害赔偿的义务　农村经纪人在进行经纪业务时，如因自己的过错或者未尽合理注意义务导致委托人利益受损，应当承担相应的赔偿责任。农村经纪人违背如实告知义务致使委托人利益遭受损失，也应当承担赔偿责任。农村经纪人故意隐瞒与订立合同有关的重要事实或者提供虚假情况，损害委托人利益的，不得要求支付报酬并应当承担损害赔偿责任。农村经纪人与委托人合谋欺诈善意第三方，应与委托人一起作为共同侵权人向善意第三方承担连带赔偿责任。

经纪人不得有下列行为

①未经登记注册擅自开展经纪活动。

②超越经核准的经营范围从事经纪活动。

③对委托人隐瞒与委托人有关的重要事项。

④伪造、涂改交易文件和凭证。

⑤违反约定或者违反委托人有关保守商业秘密的要求,泄露委托人的商业秘密。

⑥利用虚假信息,诱人签订合同,骗取中介费。

⑦采取欺诈、胁迫、贿赂、恶意串通等手段损害当事人利益。

⑧通过诋毁其他经纪人或者支付介绍费等不正当手段承揽业务。

⑨对经纪的商品或者服务做引人误解的虚假宣传。

⑩参与倒卖国家禁止或者限制自由买卖的物资、物品。

⑪法律法规禁止的其他行为。

(二)消费者权益保护法

《消费者权益保护法》是为保护消费者的合法权益,维护社会经济秩序,为了让人们有一个公平的交易,促进社会主义市场经济健康稳定发展制定的一部法律。其主要从消费者、经营者之间的权利和义务以及解决二者权益争议来阐述。

消费者的权益

权利名称	主要内容	现象（侵权表现）
安全保障权	消费者在购买、使用商品或接受服务时享有人身、财产安全不受损害的权利	产品或服务缺陷伤人损物，如伪劣药品害人、食物中毒等
知情悉真权	消费者在购买商品和接受服务时享有知悉其相关情况的权利	不明码标价、虚假宣传
自主选择权	消费者享有自主选择商品、服务的权利	强制购买、搭配销售
公平交易权	消费者有权获得质量保证、价格合理、计量正确等公平交易条件，有权拒绝经营者的强制交易行为	缺斤少两、坑蒙拐骗、强制交易（商品售出，概不退还）
依法求偿权	消费者因购买、使用商品或服务而受到人身、财产损害时，享有依法获得赔偿的权利	商家拒绝消费者的合理赔偿要求或互相推诿
维护尊重权	消费者在购买、使用商品和接受服务时，享有人格尊严和民族风俗习惯受尊重的权利	商家对消费者随便搜身、歧视、辱骂
监督批评权	消费者享有对商品和服务以及保护消费者权益工作进行监督的权利	对消费者反映的情况置之不理或打击报复
求教获知权	消费者享有获得消费和消费者权益保护方面的知识的权利	商品没有使用说明书
依法结社权	消费者享有成立维护自身合法权益的社会团体的权利	商家干涉消费者成立协会

经纪实例——关于消费者权益保护

王某在一家商店准备购买一双皮鞋，询问服务员是不是真皮的，而服务员不理睬他，让其自己看标签，王某便私下猜测是真皮的，等买回家才发现不是，于是他要求商店退货。商店认为错在王某，不予退货。

案例分析：消费者在购买、使用商品或接受服务时享有知情权。为保障消费者这一权利的实现，要求经营者承担向消费者提供真实信息的义务。《消费者权益保护法》第十九条明确规定：经营者应当向消费者提供有关商品或者服务的真实信息，不得做引人误解的虚假宣传。经营者对消费者就其提供的商品或者服务的质量和使用方法等问题提出的询问，应当作出真实、明确的答复。商店提供商品应当明码标价。向消费者提供真实信息，是经营者尊重消费者权益、促进公正交易应履行的义务。因此，商店应对王某退货，并赔偿其损失。

黑心商家

"白"馍　　"黄"米　　"绿"茶　　黑心

经营者的义务

●履行法定或约定义务：经营者向消费者提供商品或者服务，按照法律法规的规定履行义务；有约定的，应当按照约定履行义务，但双方的约定不得违背法律、法规的规定。

●听取意见、接受监督：经营者应当听取消费者对其提供的商品或者服务的意见，经营者还应当接受消费者的监督和社会的监督，即接受监督的义务。

●保证人身和财产安全：经营者应当保证其提供的商品或者服务符合保障人身、财产安全的要求。对可能危及人身、财产安全的商品和服务，应当向消费者作出真实的说明和明确的警示，并说明和标明正确使用商品或者接受服务的方法以及防止危害发生的方法。

●提供真实信息：经营者应当向消费者提供有关商品或者服务的真实信息，不得做引人误解的虚假宣传。如经营者对消费者就其提供的商品或者服务的质量和使用方法等问题提出的询问，应当作为真实、明确的答复；

经营者提供的商品应当明码标价。

● 标明真实名称和标志：经营者应当标明其真实名称和标记。该义务还要求租赁他人柜台或者场地的经营者，应当标明其真实名称和标记。

● 出具凭证、单据：购货凭证或服务单据是消费合同的书面证明。应当按照国家有关规定或者商业惯例向消费者出具购货凭证或者服务单据。

● 保证质量：经营者应当保证在正常使用商品或者接受服务的情况下，其提供的商品或者服务应当具有的质量、性能、用途和有效期限；但消费者在购买该商品或者接受该服务前已经知道其瑕疵的除外。

● 履行"三包"义务：经营者要严格按照国家规定或者与消费者的约定，承担包修、包换、包退或者其他责任的，应当按照国家规定或者约定履行，不得故意拖延或者无理拒绝。

● 不得做出不公平、不合理的规定：经营者不得以格式合同、通知、声明、店堂告示等方式作出对消费者不公平、不合理的规定，或者减轻、免除其损害消费者合法权益应当承担的民事责任。

● 禁止侵犯人格权：经营者不得对消费者进行侮辱、诽谤，不得搜查消费者的身体及其携带的物品，不得侵犯消费者的人身自由。

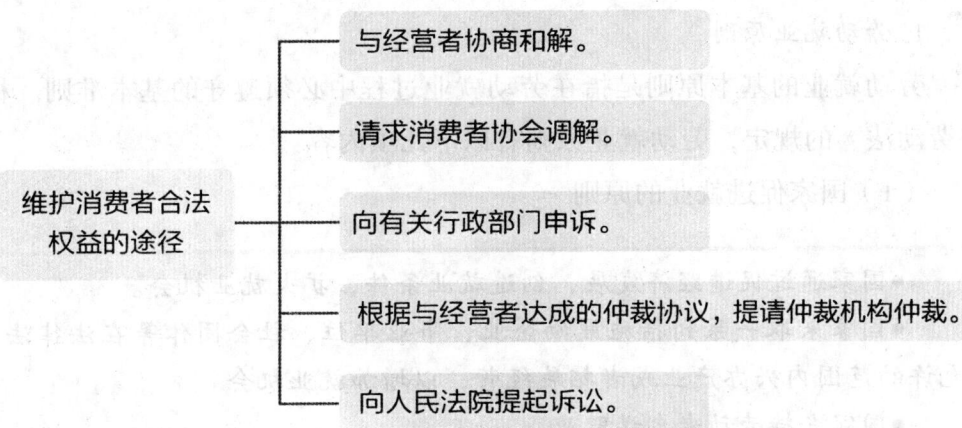

（三）劳动法与劳动合同法

《劳动法》界定了劳动法的概念、调整对象及原则；明确劳动法律关系；强调劳动就业；规范劳动合同。农村经纪人要着重了解与劳动就业和劳动合同有关的法律法规。

2008年1月1日我国正式颁布实施《劳动合同法》，该法对劳动者的劳动合同权益做了明确而具体的规定，是规范劳动关系最基本的法律形式；是法律上完善劳动合同制度，稳定劳动用工关系基础的必然要求。因此在学习《劳动法》的同时，也要学习《劳动合同法》。

劳动者具有的特点

①劳动者是具有劳动权利能力和劳动行为能力的公民，包括法定劳动年龄内能够参加劳动的盲、聋、哑和其他残疾的公民。

②劳动者必须从事法律允许的有益于国家和社会的某种社会职业。

③劳动者所从事的社会职业必须是有一定的劳动报酬或经营收入，能够用以维持劳动者本人及其赡养一定家庭人口的基本生活需要。

1. 劳动就业原则

劳动就业的基本原则是指在劳动就业过程中必须遵守的基本准则。根据《劳动法》的规定，劳动就业原则有以下几项内容：

（1）国家促进就业的原则

> - 国家通过促进经济发展，创造就业条件，扩大就业机会。
> - 国家采取一系列措施鼓励企业、事业单位、社会团体等在法律法规允许的范围内兴办产业或者拓展经营，以增加就业机会。
> - 国家支持劳动者自谋职业。
> - 国家建立和健全劳动就业的服务体系。

（2）平等就业原则　平等就业是指劳动者就业，不因民族、种族、性别、宗教信仰不同而受歧视，均享有平等的获得就业机会的权利。它具体包括两个方面的内容：一是就业资格的平等，即劳动者的就业资格是平等的，不因民族、种族、性别、宗教信仰不同而受歧视；二是就业能力衡量尺度的平衡，即社会对公民的劳动行为能力要以同一标准进行衡量。

（3）双向选择原则　双向选择是指劳动者根据自己的意愿、爱好以及才能等自由选择职业，而用人单位有权根据实际需要自主择优选择劳动者。双向选择有利于发挥雇佣双方的能动性。

（4）劳动者竞争就业原则　劳动者竞争就业是指劳动者通过用人单位考试或考核竞争，争取获胜而获得就业岗位。

（5）照顾特殊群体就业原则　照顾特殊群体就业原则的主要体现就是为特殊群体提供特殊就业保障。特殊就业保障的对象包括妇女、残疾人、退役军人和少数民族人员。用人单位在录用职工时，除国家规定的不适合妇女的工种或者岗位外，不得以性别为由拒绝录用妇女或者提高对妇女的录用标准。

（6）禁止未成年人就业的原则　未成年人是指未满16周岁的公民。未成年人正处在长身体、长知识时期，为了保障未成年人健康成长，限制未成年人就业年龄是非常必要的。因此国家规定禁止用人单位招用未满16周岁的未成年人。

- 禁止国家机关、社会团体、企业事业单位和个体工商户、农户、城镇居民等使用童工。
- 禁止各种职业介绍机构以及其他单位和个人为未满16周岁的少年儿童介绍职业。
- 禁止各级工商行政管理部门为未满16周岁的少年儿童发个体营业执照。
- 父母或者其他监护人不得允许未满16周岁的子女或被监护人做童工。
- 对文艺、体育和特种工艺单位因需要招用未满16周岁的未成年人,必须依照国家有关规定履行审批手续,并保障其接受义务教育的权利。

2. 劳动合同

（1）劳动合同的含义　劳动合同是劳动者与用工单位之间确立劳动关系、明确双方权利和义务的协议。劳动合同是确立劳动关系的法律形式。

经纪实例——没有签订劳动合同怎么办?

2012年1月10日,小王入职时,公司告知他有3个月的试用期,但是没有与小王签订书面的劳动合同。2012年3月15日,公司通知小王,由于他在试用期表现不佳,所以公司决定辞退他。小王觉得很委屈,因为在试用期内他确实努力工作而且自认为表现是很好的。在这种情况下,小王应该怎么办?

案例分析:①公司应当在1个月内与小王签订书面的劳动合同。根据《劳动合同法》第十条规定,建立劳动关系,应当订立书面劳动合同。已建立劳动关系,未同时订立书面劳动合同的,应当自用工之日起一个月内订立书面劳动合同。由于公司截至3月15日仍然未与小王签订书面的劳动合同,因而违反了上述法律规定,根据《劳动合同法》第八十二条规定,用人单位自用工之日起超过1个月不满1年未与劳动者订立书面劳动合同的,应当向劳动者每月支付双倍的工资。所以公司应当向小王支付2个月的双倍工资。②小王可以要求继续在公司工作或是辞退工作要求公司支付赔偿金。由于公司与小王之间没有订立书面劳动合同，根据《劳动合同法》第十九条第四款规定，试用期包含在劳动合同期限内，劳动合同仅约定试用期的，试用期不成立，该期限为劳动合同期限。所以公司与小王口头约定的试用期是无效的。在此情况下，公司无权以小王在试用期表现不佳为由进行辞退。所以，公司辞退小王是一种违法的行为，按照《劳动合同法》第四十八条的规定，用人单位违反本法规定解除或者终止劳动合同，劳动者要求继续履行劳动合同的，用人单位应当继续履行；劳动者不要求继续履行劳动合同或者劳动合同已经不能继续履行的，用人单位应当依照本法第八十七条规定，即依照本法第四十七条规定的经济补偿标准的两倍向劳动者支付赔偿金。

（2）劳动合同的种类　劳动合同按照不同的标准可以有不同的分类。

1）按照劳动合同期限的长短来划分

●有固定期限的劳动合同：指企业等用人单位与劳动者订立的有一定期限的劳动协议。合同期限届满，双方当事人的劳动法律关系即行终止。如果双方同意，还可以续订合同，延长期限。

●无固定期限的劳动合同：指用人单位与劳动者约定无确定终止时间的劳动合同。用人单位与劳动者协商一致，可以订立无固定期限劳动合同。有下列情形之一，劳动者提出或者同意续订、订立劳动合同的，除劳动者提出订立固定期限劳动合同外，应当订立无固定期限劳动合同。

●以完成一定工作为期限的劳动合同：指以劳动者所担负的工作任务来确定合同期限的劳动合同。如以完成某项科研，以及带有临时性、季节性的劳动合同。合同双方当事人在合同存续期间建立的是劳动法律关系，劳动者要加入劳动单位集体，遵守劳动单位内部规则，享受某种劳动保险待遇。

订立无固定期限劳动合同的情形

第一，劳动者在该用人单位连续工作满十年的；

第二，用人单位初次实行劳动合同制度或者国有企业改制重新订立劳动合同时，劳动者在该用人单位连续工作满十年且距法定退休年龄不足十年的；

第三，连续订立两次固定期限劳动合同，且劳动者没有《劳动合同法》第三十九条和第四十条第一项、第二项规定的情形，续订劳动合同的。

用人单位自用工之日起满一年不与劳动者订立书面劳动合同的，视为用人单位与劳动者已订立无固定期限劳动合同。

2）按照劳动合同产生的方式来划分

- 录用合同：指用人单位在国家劳动部门下达的劳动指标内，通过公开招收、择优录用的方式订立的劳动合同。录用合同一般适用于招收普通劳动者。
- 聘用合同：也叫聘任合同，它是指用人单位通过向特定的劳动者发聘书的方式，直接建立劳动关系的合同。这种合同一般适用于招聘有技术业务专长的特定劳动者。如企业聘请技术顾问、法律顾问等。
- 借调合同：也叫借用合同，它是借调单位、被借调单位与借调职工个人之间，为借调职工从事某种工作，明确相互责任、权利和义务的协议。借调合同一般适用于借调单位急需作用的工人或职工。当借调合同终止时，借调职工仍然回原单位工作。

3）按照劳动者一方人数的不同来划分

- 个人劳动合同：一般是由劳动者个人同用人单位签订。
- 集体劳动合同：一般是指在中外合资企业中，由工会代表劳动者集体同企业签订的合同。

小知识

录用合同的特点

目前,全民所有制企业、国家机关、事业单位、社会团体等用人单位录用劳动合同的特点是:

①用人单位按照预先规定的条件,面向社会,公开招收劳动者。
②应招者根据用人单位公布的条件,自愿报名。
③用人单位全面考核、择优录用劳动者。
④双方签订劳动合同。

经纪实例——关于集体劳动合同

2012年2月1日,甲公司与工会经过协商签订了集体合同,规定职工的月工资不低于1 000元。2012年2月8日,甲公司将集体合同文本送劳动行政部门审查,但劳动行政部门一直未予答复。2013年1月,甲公司招聘李某为销售经理,双方签订了为期2年的合同,月工资5 000元。几个月过去了,李某业绩不佳,公司渐渐地对他失去信心。2013年6月,公司降低了李某的工资,只发给李某800元工资。李某就此事与公司协商未果,2013年7月,李某解除了与公司的合同。问:1.集体合同是否生效,为什么?2.李某业绩不佳,公司可否只发其800元的工资,为什么?

案例分析:①甲公司与工会签订的集体合同有效。《劳动合同法》第五十四条规定,集体合同签订后应当报送劳动行政部门;劳动行政部门自收到集体合同文本之日起十五日内未提出异议的,集体合同即行生效。依法订立的集体合同对用人单位和劳动者具有约束力。②用人单位与劳动者订立的劳动合同中劳动报酬和劳动条件等标准不得低于集体合同规定的标准。在本案例中，公司因李某的业绩不佳，而把工资降低，并低于集体合同的最低工资约定。③用人单位与劳动者协商一致，可以变更劳动合同约定的内容。在本案例中，公司降低李某的工资，实属单方变更劳动合同中劳动报酬的行为，且其支付的劳动报酬低于集体合同规定，故有违法律规定。

（3）劳动合同的形式　劳动合同的形式是指订立劳动合同的方式。劳动合同的形式一般有书面形式和口头形式两种。我国《劳动法》规定，劳动合同应当以书面形式订立。法律之所以这样规定，其目的在于用书面形式明确劳动合同当事人双方的权利与义务，以及有关劳动条件、工资福利待遇等事项，便于履行和监督检查，在发生劳动争议时，便于当事人举证，也便于有关部门处理。

（4）劳动合同的内容　劳动合同包括必备条款的内容和协商约定的内容。

1）必备条款

- 劳动合同期限：用人单位与劳动者在协商选择合同期限时，应根据双方的实际情况和需要来约定。
- 工作内容：双方可以约定工作数量、质量、劳动者的工作岗位等内容。
- 劳动保护和劳动条件：双方可以约定工作时间和休息休假的规定，各项劳动安全与卫生的措施，对女工和未成年工的劳动保护措施与制度，以及用人单位为不同岗位劳动者提供的劳动、工作的必要条件等。
- 劳动报酬：此必备条款可以约定劳动者的标准工资、加班加点工资、奖金、津贴、补贴的数额及支付时间、支付方式等。
- 劳动纪律：此条款应当将用人单位制定的规章制度约定进来，可采取将内部规章制度印制成册，作为合同附件的形式加以简要约定。
- 劳动合同终止的条件：这一必备条款一般是在无固定期限的劳动合同中约定，因这类合同没有终止的时限。但其他期限种类的合同也可以约定。须注意的是，双方当事人不得将法律规定的可以解除合同的条件约定为终止合同的条件，以避免出现用人单位应当在解除合同时支付经济补偿金而改为终止合同不予支付经济补偿金的情况。

●违反劳动合同的责任：一般约定两种违约责任形式，第一种是一方违约赔偿给对方造成经济损失，即赔偿损失的方式；第二种是约定违约金的计算方法，采用违约金方式应当注意根据职工一方承受能力来约定具体金额，避免出现显失公平的情形。违约，不是指一般性的违约，而是指严重违约，致使劳动合同无法继续履行，如职工违约离职，单位违法解除劳动者合同等。

签订劳动合同的依据和重要性

2）协商约定的条款

●按照法律规定，用人单位与劳动者订立的劳动合同除上述7项必须具备的条款内容外，还可以协商约定其他的内容，一般简称为协商条款或约定条款，其实称为随机条款似乎更准确，因为必备条款的内容也是需要双方当事人协商、约定的。

●这类约定条款的内容，是在国家法律规定不明确，或者国家尚无法律规定的情况下，用人单位与劳动者根据双方的实际情况协商约定的一些随机性的条款。劳动行政部门印制的劳动合同样本，一般都将必备条款写得很具体，同时留出一定的空白地由双方随机约定一些内容。例如，可以约定试用期、保守用人单位商业秘密的事项、用人单位内部的一些福利待遇、房屋分配或购置等内容。

签订劳动合同的意义

（5）劳动合同争议解决的方式　随着劳动合同制的实施，人们的法律意识、合同观念会越来越强，劳动合同中约定条款的内容会越来越多。这是改变劳动合同千篇一律状况、提高合同质量的一个重要体现。

因劳动合同引起的劳动纠纷有多种，其中包括因订立劳动合同而引起的劳动纠纷，因履行劳动合同而引起的劳动纠纷，因变更劳动合同而引起的劳动纠纷，因终止劳动合同而引起的劳动纠纷，因解除劳动合同而引起的劳动纠纷等。处理因不同原因引起的劳动纠纷，有各自不同的具体要求。

小知识

解决一般劳动纠纷的步骤

如果企业有劳动争议调解委员会，首先申请劳动争议调解委员会调解（也可以不走这一步）。接着向当地劳动和社会保障部门申请调解。如若调解不成，申请当地劳动保障部门进行仲裁。仲裁不成的，才能向人民法院起诉。

如果没有劳动保障部门的调解或仲裁文件，法院是不会受理劳动合同纠纷案件的。

（四）反不正当竞争法

不正当竞争，是指经营者违反《反不正当竞争法》的规定，损害其他经营者合法权益、扰乱社会经济秩序的行为。

1. 不正当竞争行为的特征

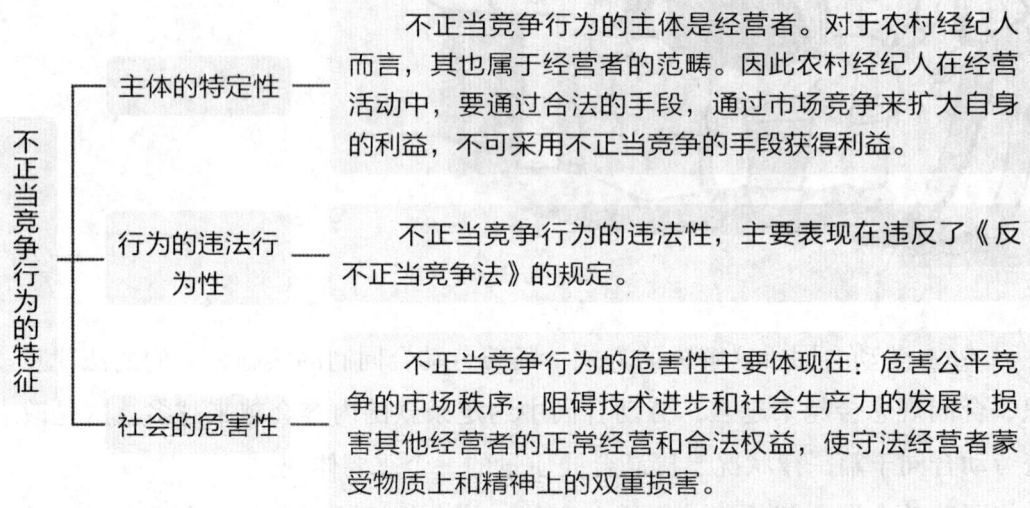

2. 不正当竞争行为的类型

《反不正当竞争法》列举了11种不正当竞争行为：假冒仿冒行为、政府部门的限制竞争行为、公用企业及其他依法具有独占地位的经营者所实施的限制竞争行为、商业贿赂行为、引人误解的虚假宣传行为、侵犯商业秘密的行为、倾销行为、搭售与附加不合理条件的行为、违反法律规定的有奖销售行为、商业诽谤（诋毁）行为、违反法律规定的招投标行为。

（1）假冒仿冒行为　假冒仿冒行为又称商业混同行为，它是指经营者采用欺骗性的手段，从事市场交易，使自己的商品或服务与特定竞争对手的商品或服务相混淆，以造成购买者误认或误购目的的不正当竞争行为。

（2）政府部门的限制竞争行为　政府部门限制竞争行为是指政府及其所属部门滥用行政权力，限定他人购买其指定的经营者的商品，限制其他经营者正当的经营活动，限制外地商品进入本地市场，或者本地商品流向外地市场的不正当竞争行为。

（3）公用企业及其他依法具有独占地位的经营者所实施的限制竞争行

为 这两类经营者在某些行业或对某些产品享有其他经营者无法比拟的经济优势,因此他们最容易利用其优势限制其他经营者的公平竞争。这里的"公用企业",通常指城镇中为适应公众生活需要而经营的具有公共利益性质的企业组织,如经营自来水、煤气、电力、通信的企业。"其他依法具有独占地位的经营者"指除上述公用企业外,法律法规规定的某些特殊行业具有独占地位的经营者,如根据烟草专卖法和药品方面的法律、行政法规规定而具有独占地位的企业。如电信部门对手机双向收费。

（4）商业贿赂行为　商业贿赂是指经营者在市场活动中,为争取交易机会,通过秘密给付财物或其他报偿等不正当手段收买客户的负责人、雇员、合伙人、代理人和政府有关部门工作人员的行为。《反不正当竞争法》规定:"经营者不得采用财物或者其他手段进行贿赂以销售或者购买商品。在账外暗中给予对方单位或者个人回扣的,以行贿论处;对方单位或者个人在账外暗中收受回扣的,以受贿论处。"

（5）引人误解的虚假宣传行为　引人误解的虚假宣传行为是指经营者利用广告或其他方法,对商品或服务的质量、制作成分、性能、用途、生产者、有效期限、产地等做与实际情况不符的公开宣传,导致或足以导致购买者对商品或服务产生错误认识的不正当竞争行为。

> **引人误解的虚假宣传行为的特征**
> ●行为的主体是经营者。
> ●行为人的主观方面表现为故意或过失。
> ●行为的客观方面表现为对商品或服务做违背事实真相的宣传。
> ●虚假宣传行为使宣传对象产生误解。

（6）侵犯商业秘密的行为　商业秘密是指不为公众所知悉、能为权利人带来经济利益、具有实用性并经权利人采取保密措施的技术信息和经营信息。

所谓技术信息指的是技术配方、技术诀窍、技术流程等。

所谓经营信息应包括与经营有关的重大决策,与自己有往来的客户情况、经营方式、经营目标、经营策略等。

> **侵犯商业秘密的表现形式**
> - 经营者非法披露、使用或允许他人使用以不正当手段获取的商业秘密。
> - 经营者以盗窃、利诱、胁迫或其他不正当竞争手段获取他人的商业秘密。
> - 违反约定或违反保密要求，披露、使用或允许他人使用权利人的商业秘密。
> - 明知或应知前面所列违法行为，仍获取、使用或者披露他人的商业秘密。

（7）倾销行为　倾销行为是指竞争者以排挤竞争对手为目的，以低于成本的价格销售商品。

> **以下四种情况不属于倾销行为，属于商业自救**
> - 销售鲜活商品。
> - 处理有效期即将到期的商品或其他积压的商品。
> - 季节性降价。
> - 因清偿债务、转产、歇业降价销售商品。

（8）搭售与附加不合理条件的行为　搭售与附加不合理条件的行为是指经营者利用其经济优势，违背购买者的意愿，在销售一种商品或提供一种服务时，要求购买者以购买另一种商品或接受另一种服务为条件，或者就商品或服务的价格、销售对象、销售地区等附加不合理的条件的不正当竞争行为。

> **搭售与附加不合理条件的行为的特征**
> - 实施的主体是具有经济优势地位的经营者，他们或者手中有俏货，或者有货源，或者有独占的经营条件，离开这些他们就无法搭售或附加其他不合理条件。
> - 从主观上来看，违背了购买者的意愿。
> - 实施了搭售或附加不合理条件的具体行为。

（9）违反法律规定的有奖销售行为　违反法律规定的有奖销售行为是指行为人为了争夺竞争优势，以贿赂、欺骗、利诱或其他不正当的手段使交易相对人与自己进行交易，从而影响市场秩序的不正当竞争行为。

> **有奖销售的三种表现形式**
> - 欺骗性有奖销售行为：即采用谎称有奖或故意让内定人员中奖的欺骗方式进行有奖销售。
> - 利用有奖销售手段推销质次价高商品。
> - 最高奖金超过一定金额的抽奖式有奖销售。

（10）商业诽谤（诋毁）行为　商业诽谤行为是指捏造、散布虚伪事实，损害竞争对手的商业信誉、商品信誉。

1）商业诽谤行为的特征

> - 实施主体为经营者或者经营者所利用和唆使的其他人。
> - 主观方面为故意贬低竞争对手。
> - 经营者实施了捏造、散布有损相关经营者商誉的行为。

2）商业诽谤行为的表现形式

> - 在公开场合，用散发公开信、召开新闻发布会、消费者座谈会等形式，捏造、散布虚伪事实，贬低竞争对手的商誉。
> - 利用比较广告，对自己商品进行不符合事实的宣传，以贬低竞争对手的商品声誉。
> - 在经营过程中，向业务客户或消费者编造、散布虚伪事实，损害竞争对手的商誉。
> - 直接在商品包装说明或其他说明书上，对竞争对手的同类商品进行贬低。
> - 假借消费者之口，向监督管理部门或消费者保护组织或新闻媒介捏造或散布虚伪事实，或者唆使他人在公众中制造谣言，传播或散布有损竞争对手商誉的事实等。

（11）违反法律规定的招投标行为　违反法律规定的招投标行为是指投

标者相互串通投标，投标者和招标者相互勾结，排挤竞争对手的公平竞争的行为。

> **招投标违法行为**
> ● 投标者串通投标，抬高标价或压低标价的行为。
> ● 投标者和招标者相互勾结，以排挤竞争对手的行为。

经营者不得采用不正当手段从事市场交易

《反不正当竞争法》规定，经营者不得采用下列不正当手段从事市场交易，损害竞争对手：

①假冒他人的注册商标。

②擅自使用知名商品特有的名称、包装、装潢，或者使用与知名商品近似的名称、包装、装潢，造成和他人的知名商品相混淆，使购买者误认为是该知名商品。

③擅自使用他人的企业名称或者姓名，引人误认为是他人的商品。

④在商品上伪造或者冒用认证标志、名优标志等质量标志，伪造产地，对商品质量作引人误解的虚假表示。

（五）产品质量法

产品质量法从广义上讲是指调整所有产品质量法律规范的总称，从狭义上讲指1993年通过的、2000年修改的《产品质量法》。

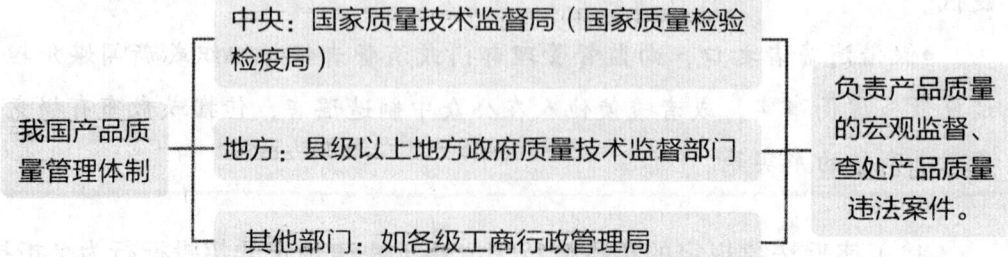

产品质量监督管理制度
- 产品质量监督检查制度 —— 国家实行以抽查为主要方式的监督检查制度，抽查的重点产品有三类：一是可能危及人体健康和人身、财产安全的产品；二是影响国计民生的重要工业产品；三是用户、消费者或有关组织反映有质量问题的产品，如掺杂使假、以次充好、以假充真等。
- 企业质量体系认证制度 —— 对企业的质量体系检查和确认并通过颁发证书，证明企业质量能够符合相应的要求，目前通用的国际标准有 ISO 9000（质量标准）和 ISO 14000（环境标准），企业质量体系认证采取自愿原则。
- 产品质量认证制度 —— 凡属于法律规定的强制性产品认证范围内的产品，必须经过强制认证，即 3C 认证；
产品质量认证分为安全认证和合格认证；
我国使用的三种认证标志：长城标志、方圆标志和 PRC 标志。
- 产品质量的社会监督制度 —— 用户、消费者、保护消费者权益的社会组织以及新闻媒介等对产品质量实施监督的制度。

生产者的产品质量义务
- 不存在危及人体健康、人身财产安全的不合理危险，符合保障人体健康、人身财产安全的国家标准、行业标准。
- 具备产品应当具备的使用性能。
- 符合产品要求或包装上注明采用的产品标准，符合以产品说明，实物样品等方式表明的质量状况。

生产者不得违反《产品质量法》的禁止性规定
- 不得生产国家明令淘汰的产品。
- 不得伪造或冒用他人的厂名、厂址。
- 不得伪造或冒用认证标志、名优标识等质量标志。
- 生产产品不得掺杂、掺假，不得以假充真、以次充好，不得以不合格产品冒充合格产品。

销售者的产品质量义务：进货时执行检查验收制度，例外的有生产者和销售者之间另有约定的；不能指出缺陷产品的生产者。

产品标识和质量要求
- 销售时产品标识符合法定要求，保证质量。
- 进货后，采取措施保持产品的质量。

```
                        ┌─ 不得销售失效、变质的产品。
销售者不得违  │
反《产品质量  ├─ 不得伪造产地，不得伪造或者冒用他人的厂名、厂址。
法》的禁止性  │
规定         ├─ 不得伪造或者冒用认证标志、名优标识等质量标志。
             │
             └─ 销售产品不得掺杂、掺假，不得以假充真、以次充好、以不
                合格产品冒充合格产品。
```

产品质量法律责任

产品质量法律责任是指产品的生产者、销售者以及对产品质量负有直接责任的人违反产品质量法规定的产品质量义务应承担的法律后果。产品质量法律责任分为民事责任、行政责任和刑事责任。

（1）民事责任　产品质量的民事责任分为产品瑕疵担保责任和产品缺陷损害赔偿责任。

①产品瑕疵担保责任。产品瑕疵担保责任是指在产品买卖关系中，产品的生产者或销售者向对方保证和承诺，按照这种承诺，如果产品存在瑕疵，生产者或销售者应当承担由此引起的法律后果。

②产品缺陷损害赔偿责任。产品缺陷损害赔偿责任指因产品存在缺陷造成消费者或使用者人身和财产损害而产生的法律责任，是典型的民事侵权责任。

（2）行政责任　产品质量的行政责任是指生产者、销售者以及其他有关人员违反产品质量法的强制性规定而应当承担的行政法律后果。

（3）刑事责任　产品质量的刑事责任是指由于产品质量的原因造成人身伤亡、财产损失而触犯刑律的，对有关责任人员应依法追究刑事责任。

> 延伸阅读

《产品责任法》关于损害赔偿的规定

缺陷产品可能引起的损害后果，各国《产品责任法》及《国际公约》均未给予全部赔偿，而是作了特别的规定或限制。当然，《产品责任法》不予赔偿，并非意味这些损害无法救济，受害人可以按照一般民事责任获得救济。

1. 人身伤害赔偿

人身伤害是指因产品具有缺陷而对他人生命、身体、健康所造成的损害，包括健康所损、致人残疾、致人死亡。对人身伤害的赔偿，通常适用一般侵权赔偿原则，要求赔偿人身伤害所造成的直接损失与间接损失。2000年修改的《产品质量法》对人身伤害赔偿作了完整的规定："因产品存在缺陷造成受害人人身伤害的，侵害人应当赔偿医疗费、治疗期间的护理费、因误工减少的收入等费用，造成残疾的，还应当支付残疾者生活自助费、生活补助费、残疾赔偿金以及由其扶养的人所必需的生活费等费用；造成受害人死亡的，应当支付丧葬费、死亡赔偿金以及由死者生前扶养的人所必需的生活费等费用。"

2. 财产损失赔偿

财产损失是指缺陷产品造成的缺陷产品之外的其他财产损失。通常这种损失包括直接的物质损失和伴随物质损失而产生的间接的物质损失；直接损失指现有财产的减少，间接损失指可得利益的减少。对于财产损失的，有的将其排除在产品损害赔偿范围之外。我国2000年《产品质量法》规定："因产品存在缺陷造成受害人财产损失的，侵害人应当恢复原状或者折价赔偿。受害人因此遭受其他重大损失的，侵害人应当赔偿损失。"

3. 精神损害赔偿

精神损害一般指由缺陷产品造成的人身伤害而引起的受害人的精神上的痛苦和感情创伤。

4. 产品自身损害赔偿

产品自身损害又称为"产品伤害自己""纯经济损失"。产品自身损害，除包括产品毁损灭失外，还包括产品本身价值的减少，不堪使用，必须修缮或丧失营业利益等。我国《产品质量法》第四十一条规定：因产品存在缺陷造成人身、缺陷产品以外其他财产损害的，应当承担赔偿责任。该条明确排除了产品自损的侵权责任。根据该法规定，产品自损，按产品的瑕疵担保的契约责任处理。

（六）食品安全法

食品安全大事件："三鹿三聚氰胺奶粉"

根2008年6月28日，兰州市解放军第一医院收治了首例患"肾结石"病症的婴幼儿，据家长反映，孩子从出生起就一直食用河北石家庄三鹿集团所产的三鹿婴幼儿奶粉。7月中旬，甘肃省卫生厅接到医院婴儿泌尿结石病例报告后，随即展开了调查，并报告卫生部。随后短短两个多月，该医院收治的患婴人数就迅速扩大到14名。9月11日，除甘肃省外，陕西、宁夏、湖南、湖北、山东、安徽、江西、江苏等地都有类似案例发生。9月13日，党中央、国务院对严肃处理三鹿牌婴幼儿奶粉事件作出部署，立即启动国家重大食品安全事故Ⅰ级响应，并成立应急处置领导小组。9月13日，卫生部党组书记高强在"三鹿牌婴幼儿配方奶粉"重大安全事故情况发布会上指出，"三鹿牌婴幼儿配方奶粉"事故是一起重大的食品安全事故。三鹿牌部分批次奶粉中含有的三聚氰胺，是不法分子为增加原料奶或奶粉的蛋白含量而人为加入的。

"国以民为本，民以食为天，食以安为先"，这说明了食品安全的重要性。在我国，国家高度重视食品安全，早在1995年就颁布了《中华人民共和国食品卫生法》（以下简称《食品卫生法》）。在此基础上，2009年，通过了《食品安全法》。《食品安全法》是指为保证食品安全，保障公众身体健康和生命安全的重要的法律。

1.《食品安全法》的适用范围

- 食品生产和加工（以下称食品生产），食品流通和餐饮服务（以下称食品经营）。
- 食品添加剂的生产经营。
- 用于食品的包装材料、容器、洗涤剂、消毒剂和用于食品生产经营的工具、设备（以下称食品相关产品）的生产经营。
- 食品生产经营者使用食品添加剂、食品相关产品。
- 对食品、食品添加剂和食品相关产品的安全管理。

供食用的源于农业的初级产品（以下称食用农产品）的质量安全管理，遵守《中华人民共和国农产品质量安全法》的规定。但是，制定有关食用农产品的质量安全标准、公布食用农产品安全有关信息，应当遵守本法的有关规定。

《食品卫生法》和《食品安全法》

《食品卫生法》和《食品安全法》的宗旨是一样的，生产卫生安全的食品，保障公众身体健康和生命安全。《食品卫生法》是1995年10月30日实施的，当时人员对保障公众身体健康和生命安全的食品的认识是保证食品卫生，防止食品污染和有害因素。随着人们认识的深入及最近几年发生的食品安全事件，将人们的认识提高到仅仅是卫生的食品已不能保障公众身体健康和生命安全，因而提出食品安全的概念，进而将《食品卫生法》修订为《食品安全法》。2009年6月1日实施的《食品安全法》是适应新形势发展的需要，为了从制度上解决现实生活中存在的食品安全问题，更好地保证食品安全而制定的，其中确立了以食品安全风险监测和评估为基础的科学管理制度，明确食品安全风险评估结果作为制定、修订食品安全标准和对食品安全实施监督管理的科学依据。

2. 食品安全的监督制度

- 国务院：设立食品安全委员会，其工作职责由国务院规定。
- 国务院卫生行政部门：承担食品安全综合协调职责，负责食品安全风险评估、食品安全标准制定、食品安全信息公布、组织查处食品安全重大事故等。
- 国务院所属的其他部门：依照本法和国务院规定的职责，分别对食品生产、食品流通、餐饮服务活动实施监督管理。
- 县级以上地方人民政府：统一负责、领导、组织、协调本行政区域的食品安全监督管理工作，建立健全食品安全全程监督管理的工作机制；统一领导、指挥食品安全突发事件应对工作等。

食品安全的风险监测和评估

1. 建立食品安全风险监测制度

对食源性疾病、食品污染以及食品中的有害因素进行监测。

2. 建立食品安全风险评估制度

对食品、食品添加剂中生物性、化学性和物理性危害进行风险评估。

国务院卫生行政部门负责组织食品安全风险评估工作，成立由医学、农业、食品、营养等方面专家组成的食品安全风险评估专家委员会。

食品安全标准，是依据食品安全风险评估结果并充分考虑食用农产品质量安全风险评估结果，参照相关的国际标准和国际食品安全风险评估结果，并广泛听取食品生产经营者和消费者的意见，由医学、农业、食品、营养等方面的专家以及国务院有关部门的代表组成的食品安全国家标准审评委员会审查通过。

食品安全标准的内容包括：食品、食品相关产品中的致病性微生物、农药残留、兽药残留、重金属、污染物质以及其他危害人体健康物质的限量规定；食品添加剂的品种、使用范围、用量；专供婴幼儿和其他特定人群的主辅食品的营养成分要求等。

延伸阅读

食品生产经营管理

1. 食品生产经营实行许可制度和审批制度

从事食品生产、食品流通、餐饮服务，应当依法取得食品生产许可、食品流通许可、餐饮服务许可。农民个人销售其自产的食用农产品，不需要取得食品流通的许可。县级以上质监、工商、食药监管部门应当依照《中华人民共和国行政许可法》的规定，审核申请人提交相关资料，必要时对申请人的生产经营场所进行现场核查；对符合规定条件的，决定准予许可；对不符合规定条件的，决定不予许可并书面说明理由。

2. 食品生产经营者应当具备的条件

从生产经营的场所、生产设备、技术和管理人员、工艺流程、容器等都作了详细的规定。

3. 质量安全管理体系认证

认证机构应当依法实施跟踪调查；对不再符合认证要求的企业，应当依法撤销认证，及时向有关质量监督、工商行政管理、食品药品监督管理部门通报，并向社会公布。认证机构实施跟踪调查不收取任何费用。

4. 从业人员健康管理制度

食品生产经营者应当建立并执行从业人员健康管理制度。患有痢疾、伤寒、病毒性肝炎等消化道传染病的人员，以及患有活动性肺结核、化脓性或者渗出性皮肤病等有碍食品安全的疾病的人员，不得从事接触直接入口食品的工作。

5. 建立食品召回等各种制度

建立食品召回制度、食用农产品生产记录制度、原料检查验收记录制度、食品出厂检验记录制度、食品进货查验记录制度、标明散装食品制度、新品种实行许可制度。

3. 禁止生产经营的食品

- 用非食品原料生产的食品或者添加食品添加剂以外的化学物质和其他可能危害人体健康物质的食品，或者用回收食品作为原料生产的食品。
- 致病性微生物、农药残留、兽药残留、重金属、污染物质以及其他危害人体健康的物质含量超过食品安全标准限量的食品。
- 营养成分不符合食品安全标准的专供婴幼儿和其他特定人群的主辅食品。
- 腐败变质、油脂酸败、霉变生虫、污秽不洁、混有异物、掺假掺杂或者感官性状异常的食品。
- 病死、毒死或者死因不明的禽、畜、兽、水产动物肉类及其制品。
- 未经动物卫生监督机构检疫或者检疫不合格的肉类，或者未经检验或者检验不合格的肉类制品。
- 被包装材料、容器、运输工具等污染的食品。

- 超过保质期的食品。
- 无标签的预包装食品。
- 国家为防病等特殊需要明令禁止生产经营的食品。
- 其他不符合食品安全标准或者要求的食品。

食品安全事故处置措施和赔偿责任

1. 处置措施

①开展应急救援工作,对因食品安全事故导致人身伤害的人员,卫生行政部门应当立即组织救治。

②封存可能导致食品安全事故的食品及其原料,并立即进行检验;对确认属于被污染的食品及其原料,责令食品生产经营者依照本法规定予以召回、停止经营并销毁。

③封存被污染的食品用工具及用具,并责令进行清洗消毒等。

2. 赔偿责任

①生产不符合食品安全标准的食品或者销售明知是不符合食品安全标准的食品,消费者除要求赔偿损失外,还可以向生产者或者销售者要求支付价款十倍的赔偿金。

②应当承担民事赔偿责任和缴纳罚款、罚金,其财产不足以同时支付时,先承担民事赔偿责任。

③构成犯罪的,依法追究刑事责任。

二、了解农村经纪合同的相关知识

 案例导入

要不要签合同？

农村经纪人张某向某罐头加工厂发出一封电报，称："现有25 000千克优质苹果，每千克售价4.0元，如有意购买，请于11月1日前来我村提货。"

张某和罐头厂是否需要签约合同？该电报是否属于要约？

（一）有关合同的基础知识

合同是指平等主体的自然人、法人、其他组织之间设立、变更、终止民事权利、义务关系的协议。可以这样来理解合同：合同是由双方当事人依法订立的有关权利、义务的协议，对当事人具有法律约束力。合同有时也泛指发生一定权利、义务的协议，故又称契约。

 小知识

合同具有以下法律性质

①合同是当事人各方在平等、自愿的基础上产生的一种民事法律行为。
②合同是两方以上当事人的意思表示一致的民事法律行为。
③合同是以设立、变更、终止民事权利、义务关系为目的的民事法律行为。

1. 合同的形式

● 书面形式：书面形式是指以文字的方式表现当事人之间所订立合同内容的形式。书面形式订立合同最大的优点在于便于保存、有据可查，特别是在签订合同双方发生纠纷时方便举证，有利于保护自身的权益。常见的书面形式有合同书、信件和数据电文（包括电报、电传、传真、电子邮

件等）。

- 口头形式：口头合同是指当事人只以口头的意思表示达成协议的合同，例如当面交谈、电话联系等。这种形式的合同特点是订立起来简便易行、迅速，但是缺点就是没有文字依据，一旦发生纠纷，当事人举证比较困难，不容易分清责任。
- 其他形式：其他形式是指以书面形式、口头形式以外的方式来表现合同内容的形式。从实践来看，主要指默示形式。

2. 合同内容

- 当事人的名称（姓名）和住所：这是每一个合同必须具备的条款。
- 标的：是指合同当事人双方权利和义务所共同指向的对象。
- 数量：是指标的的数量，是以计量单位和数字来衡量的标的的尺度。
- 质量：是指标的的具体特征，是标的的内在素质和外观形态的综合，如商品的品种、型号、规格、等级和工程项目的标准等。
- 价款或者报酬：是指一方当事人向对方当事人所付代价的货币表现。
- 履行期限、地点和方式：履行期限是指合同中规定的一方当事人向对方当事人履行义务的时间界限。履行地点关系到履行合同的费用、风险由谁承担，有时还是确定所有权是否转移、何时转移的依据，也是发生纠纷后确定由哪一地法院管辖的依据。履行方式是指合同当事人履行合同义务的具体做法。
- 违约责任：是指合同当事人一方或者双方不履行合同义务或者履行合同义务不符合约定时，按照法律或者合同的规定应当承担的法律责任。
- 解决争议的方法：主要有当事人协商和解，第三人调解，仲裁，诉讼。

合同订立的方式

1. 要约

要约是希望和他人订立合同的意思表示。发出要约的当事人称为要约人，要约所指向的对方当事人则称为受要约人。

要约应具备的条件：内容具体确定；表明经受要约人承诺，要约人即受该意思表示约束。

现实生活中价目表的寄送、拍卖广告、招标公告、招股说明书、商品广告（符合要约规定的除外）等，均属于要约邀请。

2. 承诺

承诺是受要约人同意要约的意思表示。承诺生效时合同成立。

有效的承诺必须由承诺人作出或者由有授权委托书的代理人作出。承诺是表示无条件地全部同意要约所推出的各项条款，并在要约规定的有效期内答复要约人。受要约人对要约的实质性修改和补充，应看作是提出新的要约。在实际签订合同时，当事人双方往往作出要约—新要约—再要约直至承诺的一个反复磋商，最终达成协议的过程。

3. 合同有效成立的条件

- 当事人必须具有签订合同的行为能力：签订买卖合同的当事人主要为自然人或法人。自然人签订合同的行为能力，指精神正常的成年人才能订立合同。如精神病患者等不具备行为能力的人，订立合同无效；租地者未经出租人同意也未按合同约定就将其租用的土地再转租出去的转租合同无效。
- 当事人应是在自愿的基础上达成的意思表示一致：若采取欺诈、胁迫手段订立的合同无效。当前许多乡村出现的强制农民将土地流转给集体经济组织或者企业的行为是无效的，在此基础上签订的合同也无效。
- 合同的内容必须合法：不得违反法律，不得违反公共秩序或公共政策，以及不得违反善良风俗或道德三个方面。如集体土地所有权买卖的合同没有法律效力；将耕地长期出租给企业用于非农建设（以租代征）也是违反法律的，因而签订的流转合同不具有法律效力。
- 合同必须符合法律规定的形式：我国合同法规定，当事人订立合同，有书面合同、口头形式和其他形式。只对少数合同才要求必须按法律规定的特定形式订立。

经纪实例——不合法的合同

云南某农村经纪人与境外商人联系罂粟幼苗买卖的交易,该经纪人联系了8 000株罂粟花的幼苗,准备用卡车送往境外,在路上被查获。境外商人预先给的1 000元报酬被没收,并且被判了刑。

案例分析:签订合同的客体要符合国家的法律规定,罂粟花的种子、幼苗,作为观赏植物,可以少量种植,但不能以收货营利为目的。所签订的合同无效,还要承担法律责任。在此特别提醒经纪人朋友们,一定要知法并守法。

4. 合同的履行

> 是指合同生效后,当事人按照合同规定的各项条款,完成各自承担的义务和实现各自享受的权利,使双方当事人的合同目的得以实现的行为。

5. 合同的终止

> - 是指合同当事人双方终止合同关系,合同确立的权利、义务关系随之消灭。
> - 债务已经按照约定履行。
> - 合同解除。
> - 债务相互抵销。
> - 债务人依法将标的物提存。
> - 债权人免除债务。
> - 债权债务同归于一人。
> - 法律规定或者当事人约定终止的其他情形。

6. 违约责任

> 即违反合同的民事责任,是指合同当事人一方不履行合同义务或者履行合同义务不符合约定时,依照法律规定或者合同约定所承担的法律责任。

7. 承担违约责任的主要形式

- 继续履行：当事人一方违反合同约定，不履行或者履行不符合约定，对方当事人有权要求其继续履行，以维护自己的合法权益。
- 采取补救措施：根据《合同法》的规定，质量不符合约定的，应当按照当事人的约定承担违约责任。
- 赔偿损失：当事人一方不履行合同义务或者履行合同义务不符合约定的，在履行义务或者采取补救措施后，对方还有其他损失的，应当赔偿损失。
- 支付违约金：为了保证合同的履行，保护自己的利益不受损失，合同当事人可以约定一方违约时应当根据情况向对方支付一定数额的违约金，也可以约定因违约产生的损失赔偿额的计算方法。
- 给付或者双倍返还定金：当事人可以根据《担保法》的规定，约定一方向对方给付定金作为债权的担保。债务人履行债务后，定金应当抵作价款或者收回。给付定金的一方不履行约定的债务的，无权要求返还定金；收受定金的一方不履行约定的债务的，应当双倍返还定金。当事人既约定违约金，又约定定金的，一方违约时，对方可以选择适用违约金或者定金条款。

经纪实例——对方违约怎么办？

农村经纪人李某主要从事核桃交易业务，2011年12月20日，他与某超市签订了核桃供销合同，当天给超市送500千克核桃，李某如期送去，但该超市从其他地方进了500千克核桃，拒绝接受李某的核桃，对此，李某该怎么办呢？

案例分析：李某可以要求超市履行合同或是赔偿损失。根据《合同法》规定：当事人一方违反合同约定，不履行或者履行不符合约定，对方当事人有权要求其继续履行。李某可以要求超市购买核桃；若李某在与超市交涉过程中遇到大雨，致使核桃受到雨淋，霉烂了100千克，这霉烂的核桃也可以要求超市赔偿损失。

 **经纪实例——违约了是该支付违约金还是返还定金？**

江苏如东县富硒玉米合作社向某超市交付100吨玉米，货款为40万元；该超市向合作社支付定金4万元；约定如任何一方不履行合同应支付违约金9万元。合作社因将玉米先行卖给某食品加工厂而无法向该超市交货。该超市向人民法院起诉，要求合作社支付违约金并双倍返还定金，法院会支持超市吗？

案例分析：法院不会支持。因为根据《合同法》规定：收受定金的一方不履行约定的债务的，应当双倍返还定金。当事人既约定违约金，又约定定金的，一方违约时，对方可以选择适用违约金或者定金条款。在本案例中，合作社违约，是收受定金的一方，应当返还8万元，但该合同既有定金，又有违约金，只能选择其一，因此，该超市可以要求合作社支付违约金9万元，同时请求返还定金4万元。

（二）经纪合同

经纪合同是合同的一种。它是指经纪人为促成委托和相对方（即第三方）订立交易合同而进行联系、介绍商品性能、提供信息等中介服务活动所达成的具有一定权利和义务的协议，是平等主体（委托方、经纪人、相对方）之间设立、变更、终止民事权利、义务关系的协议。

经纪合同当事人，即委托方和经纪人的法律地位平等，应当遵守公平原则，确定各方的义务和权利，任何一方不得将自己的意志强加给另一方。

经纪合同一旦成立，对当事人各方都具有法律约束力。依法成立的经纪合同受法律保护。当事人应当按照约定履行自己的义务，不得擅自变更或解除合同。

8. 经纪合同主要条款

- 经纪服务的标的：在经纪合同中，标的指的是委托人委托经纪人完成什么事项。
- 对标的的具体要求：若提供的是现货商品，则要具体说明商品名称、品种、规格、产地、数量、质量、商品的保管责任、交货期限等细节。
- 经纪人完成服务的期限：应当在合同中明确经纪人在什么期限内找到符合标的具体要求的对应方；同时，还应约定在期限内，经纪人没有找到符合标的具体要求的对应方，是否算为违约。
- 佣金及支付办法：在合同中要明确约定：佣金的数额，或者提取的比例以及给付的方式，结算的期限以及有关佣金等。
- 违约责任：经纪合同承担违约责任一般采取支付违约金或赔偿金。
- 解决争议的办法：解决争议的办法指合同争议的解决途径，对合同条款发生争议时的解释以及法律适用等。合同纠纷发生后，一般通过协商、调解、仲裁和诉讼的方式来解决。
- 其他：经纪人和委托人约定的其他事项。

（三）常见的农村经纪合同

1. 委托合同

委托合同是指受托人为委托人办理委托事务，委托人支付约定报酬或不支付报酬的合同。在委托合同关系中，委托他人为自己处理事务的人被称为委托人，接受委托的人被称为受托人。

委托合同的特点
- 委托合同是典型的劳务合同。
- 受托人以委托人的身份办理委托事务。
- 委托合同具有人身性质，以当事人之间相互信任为前提。
- 委托合同既可以是有偿合同，也可以是无偿合同。

> 延伸阅读

委托合同中委托人与受托人的义务

1. 委托合同中委托人的义务

（1）及时接受委托事务结果的义务　委托人依据委托合同的规定应当及时接受受托人在委托权限范围内处理委托事务所取得的结果，并承担相应的民事责任，而不得无理予以拒绝接受。对于受托人超越委托权限处理的非委托事务，委托人不承担相应的民事责任。但是委托人知道而又不否认或者予以同意，则委托人仍应承担民事责任。

（2）提供或补偿办理委托事务所需的必要费用的义务　无论委托合同是否有偿，委托人都有义务提供或补偿受托人为办理委托事务所需支出的必要费用。所谓受托事务所必需的费用是指受托人在办理委托事务时，为了达到委托人所追求的结果而必须支出的一切合理费用，例如代购、代销商品的保管费、包装费、运输费等。

（3）按合同的规定支付报酬的义务　委托合同并不是纯粹的、绝对的无偿契约，受托人依合同约定有获得报酬的权利。即使是委托合同中并无报酬的约定，但依据习惯或依据委托事务的性质或处理的具体情况，属于公认应该给付报酬的，委托人仍应负有给付报酬的义务。对此，《合同法》规定：委托合同解除或者委托事务不能完成的，受托人完成委托事务的，委托人应当向其支付报酬。因不可归责于受托人的事由，委托人应当向受托人支付相应的报酬。当事人另有约定的，按照其约定。

（4）赔偿责任　受托人在处理委托事务时，非因自己的过错而受到的损失，得向委托人要求赔偿，委托人应对自己的委托负责。例如，委托人指示不当或重复委托、解除委托，或者由于第三人的原因而使受托人受损的，委托人应当赔偿损失。

（5）清偿债务的义务　受托人为处理委托事务而负担的必要的、合理的债务，有权请求委托人予以清偿。如果受托人超越委托权限范围处理非委托事务，委托人对此没有明确表示反对，依《民法通则》有关规定，视为委托人同意，因此委托人对受托人办理该事务所负的必要债务，同样负有清偿的义务。

2. 受托人的义务

（1）办理受托事务的义务　受托人对委托事务原则上应亲自办理，只有在事先取得委托人的同意，或因情况紧急的情况下，为了委托人的利益可以转托他人。

(2) 报告的义务　受托人在办理委托事务的过程中，应根据委托人的要求，向委托人报告事务处理的进展情况、存在的问题，使委托人及时了解事务的状况。虽然委托人未请求受托人向其报告委托事务的结果，但受托人不及时报告的，也属违约行为。

(3) 交还的义务　《合同法》规定"受托人处理委托事务取得的财产，应当转交给委托人。"该条的规定明确了受委托人只要是处理委托事务取得的财产，都应当交给委托人，不论这些财产以委托人的名义还是以受托人的名义，也不论是由受委托人取得还是因转委托由第三人取得。

(4) 承担损害赔偿的义务　有偿的委托合同，因受托人的过错给委托人造成损失，受托人应负损害赔偿责任。无偿的委托合同，因受托人的故意或者重大过失或是超越权限给委托人造成损失的，受托人也要负赔偿责任。

经纪实例——委托人应不应该承担这部分责任？

某肉类加工厂委托农村经纪人段某收购100头牛，段某预测到牛的价格最近还要上涨，并且他联系的养牛户供应的牛的质量也很好，在没有给加工厂联系的情况下，自己做主多买了50头牛。加工厂该不该再给段某支付50头牛的价钱？

案例分析：加工厂根据情况自身也可以认可段某多收购的50头牛，也可以拒绝支付多出的50头牛的价钱。根据《合同法》规定：对于受托人超越委托权限处理的委托事务，委托人不承担相应的民事责任。但是委托人知道而又不否认或者予以同意，则委托人仍应承担民事责任。在案例中，若加工厂认可段某的想法，多出的50头牛也可以接受，就要支付多出的钱。

2. 行纪合同

行纪合同是行纪人以自己的名义为委托人从事贸易活动，委托人支付报酬的合同。以自己名义为他人从事贸易活动的一方为行纪人，委托行纪人为自己从事贸易活动并支付报酬的一方为委托人。

行纪人从事购销、寄售等活动时，并不是完全出于自身的要求，而是应委托人的要求而做，即行纪人是为委托人的利益服务。行纪人根据行纪合同规定为委托人出售或者购买的财产，如没有特别约定的，在出售前或者买进后，都应属于委托人所有，由委托人承担风险，而行纪人只享有临时占有权。

> **行纪合同的特点**
> - 行纪人必须以自己的名义为法律行为。
> - 行纪人必须以委托方的利益为法律行为。
> - 委托方向行纪人支付佣金。

延伸阅读

行纪人和委托人的权利、义务

1. 行纪人的权利、义务

（1）行纪人的主要权利

①请求报酬权。行纪人完成或者部分完成委托事务的，委托人应当向其支付相应的报酬。委托人逾期不支付报酬的，行纪人对委托物享有留置权，但当事人另有约定的除外。

②介入权。行纪人接受委托实施行纪行为时，可以自己的名义介入买卖活动。行纪人买入或卖出市场定价的商品时，只要委托人没有相反的意思，可以自己作为买受人或出卖人。行纪人行使介入权后，仍可要求委托人支付报酬。

③提存权。行纪人按照约定买入委托物，委托人应当及时受领。经行纪人催告，委托人无正当理由拒绝受领的，行纪人可提存委托物。委托物不能卖出或者委托人撤回出卖，经行纪人催告，委托人不取回或者不处理该物的，行纪人可提存委托物。

(2) 行纪人的主要义务

①依委托人指示处理事务的义务。委托人指定了卖出价格或买入价格的情况下，行纪人应当按委托人的指定价格处理事务。行纪人低于委托人指定的价格卖出或者高于委托人指定的价格买入的，应当经委托人同意。未经委托人同意，行纪人补偿其差额的，该买卖对委托人发生效力。行纪人高于委托人指定的价格卖出或者低于委托人指定的价格买入的，可以按照约定增加报酬。委托人对价格有特别指示的，行纪人不得违背该指示卖出或者买入。

②妥善保管的义务。行纪人占有委托物的，应当妥善保管委托物。

③委托物处置的义务。如果委托物交付给行纪人时有瑕疵或者容易腐烂、变质的，经委托人同意，行纪人可以处分该物；与委托人不能及时取得联系的，为了委托人的利益，行纪人有义务将委托物及时进行处理，以避免发生不必要的损失。

④负担行纪费用的义务。行纪人处理委托事务支出的费用，由行纪人负担，但当事人另有约定的除外。

2. 委托人的权利义务

(1) 委托人的主要权利

①验收权。对于行纪结果，委托人有权检验。如行纪人未按照指示实施行纪行为，委托人有权拒绝接受行纪结果，并可要求行纪人赔偿损失。

②损害赔偿请求权。在行纪人与第三人订立合同的情况下，如果第三人不履行义务致使委托人受到损害的，委托人有权要求行纪人赔偿损失。

(2) 委托人的主要义务　及时受领委托物的义务、支付报酬的义务。

经纪实例——不按委托约定的行纪人

某种子公司委托农村经纪人周某按照指定的价格推销玉米种子，周某了解到某乡的百姓会提高玉米的种植面积，遂暗中把玉米的价格提高，多获得1 000元。种子公司知道后，要求把1 000元给种子公司，周某觉得1 000元属于自己，拒不拿出。请问：周某的做法对吗？

案例分析：周某的做法不对。根据《合同法》规定，行纪人低于委托人指定的价格卖出或者高于委托人指定的价格买入的，应当经委托人同意，行纪人可以按照约定增加报酬。周某未按照种子公司的规定，擅自提高价格，合同中没有约定的，该利益应该属于种子公司。

3.居间合同

居间合同，是指居间人向委托人报告订立合同的机会或者提供订立合同的媒介服务，委托人支付报酬的合同。向他方报告订立合同的机会或者提供订立合同的媒介服务的一方为居间人，接受他方所提供的订约机会并支付报酬的一方为委托人。

> **居间合同的特点**
> ●居间合同是双方当事人的意见表示一致的结果，合同双方都负有义务，合同的形式既可以是口头的也可以是书面的。居间人提供服务后，就有权获得佣金。
> ●居间合同的居间人依照委托方的指令，为其寻找合乎要求的相对方，传达双方的意思，为合同的订立创造机会、提供条件，撮合双方订立合同。
> ●在委托人与第三人订立合同时，居间人只是给予协助，并不参与。居间人只是双方的介绍人。

延伸阅读

居间人的权利、义务及委托人的主要义务

1.居间人的权利、义务

（1）居间人的权利

①居间人的报酬请求权。报酬请求权是居间人的主要权利，即双方当事人约定居间人的报酬。居间人的报酬标准，国家有限制规定的，当事人约定的报酬额不能超过国家规定的最高标准。居间人行使报酬请求权采取报酬后付，即以合同因其报告或媒介成立而为限。合同未成立的，不得请求报酬；合同虽成立但无效时，居间人也不能请求报酬。

②居间人的费用偿还请求权。居间人所需费用，通常包括在报酬内，居间活动的费用一般由居间人负担，非经特别约定，居间人不得请求偿还费用。但当事人在居间合同中约定由委托人承担费用的，居间人对其已付的费用有偿还请求权。

(2) 居间人的义务

①报告订约机会或媒介订约的义务。向委托方报告订约机会或提供订约媒介是居间人在居间合同中承担的主要义务。

②忠实于当事人的利益。忠实于当事人的利益是指居间人就有关订立合同的事项应当向委托人如实报告。

2. 委托人的主要义务

支付居间报酬的义务和偿付费用的义务。

经纪实例——如何对付投机买家

黑龙江经纪人王某，对自己县的农产品了解得非常清楚，同时脑子灵活，常利用农闲季节，自己外出联系业务。一次，他了解到某食品加工厂急需1 000吨大豆，而有一个乡今年大豆丰收，正愁卖不出去。因此，就与那个食品加工厂联系。食品厂非常乐意买王某介绍的大豆，答应事成之后，给王某3 000元，王某也积极到那个乡里联系业务。但等了一个月，王某听说食品厂已经去他联系的乡把大豆买走了，王某随之与食品厂联系，但食品厂负责人说：是他们自己多次联系业务，合同的签订与王某无关，当然也不能给王某3 000元。你认为王某该不该拿3 000元佣金？

案例分析：王某应该拿到3 000元的佣金。根据《合同法》规定，居间人向委托人报告订立合同的机会或者提供订立合同的媒介服务，委托人应该支付报酬。在本案例中，王某给食品加工厂提供了订立合同的机会，并为订立合同积极创造机会，食品加工厂订立合同后，应该支付王某报酬。

请经纪人朋友注意，这种居间合同"跳单"的行为经常发生，为避免再发生类似王某的事情，我们在提供订立合同机会后要对委托人加强监督，对委托人要有制约的措施。

（四）农村经纪合同签订中应注意的问题

1. 确保合同的合法性，避免签订无效合同

违反法律法规签订的经纪合同。

采取欺诈、胁迫等手段签订的经纪合同。

代理人超越了代理权限签订的经纪合同，或以被代理人的名义同自己或者同自己所代理的其他人签订的经纪合同。

违反国家或社会公共利益的合同。

⇒ 有以上行为之一的属于无效合同

另外还要注意：签订的合同被确认为无效后，经纪人从委托人那里获得的服务费或者佣金应当归还给委托人，所造成的损失由责任方承担。如果当事人故意违反国家或社会公共利益，应当追缴已经取得或约定取得的财产，归国家所有。

2. 要注意经纪合同条款的规范性

●各项交易条款要订得具体、完善。如对品质的要求，要列明标准、版本、年份，以防止依据版本不同而引起的品质标准的纠纷。又如凭样品购买货物时，应当列明样品的编号、寄送日期，要求规定的品质与样品的品质大致相同，防止货物与样品相异而引起纠纷。

●表达各项交易条款的文字要明确严谨。合同中使用的术语要规范、标准，合同条文结构上要严谨，避免条文之间的逻辑混乱，不要使用模棱两可或含糊不清的语言。

●保持各项交易条款的相互衔接，防止相互之间发生矛盾。一份完整的有效合同，要求各主要条款具备。如果出现两处相互抵触的现象，必然导致大的纠纷，如品质的规定要与检验方法的规定一致。

●约首和约尾要保证准确、完整。企业名称不同、地点不详等都是不符合要求的。

●重视仲裁条款。在订立经纪合同时，要确立双方同意的仲裁机关名称，以便事后发生争议时，可以向双方确定的仲裁机构申请仲裁。

3. 注意合同的公正性

农村经纪合同的公正性，主要体现在合同对各方当事人权利、义务约定上的对等。在合同条文的制定中，不能凭讲义气或是朋友、亲戚多承担义务，或是义务多、权利少，要做到权利义务对等。

4. 注意合同的可行性

农村经纪合同一旦签订，就要付诸实施，否则就要承担一定的法律责任。因此，在签订经纪合同时，要做好调查，要保证经纪合同能够顺利实施。

作为农村经纪人，应该具备这方面的法律知识。当然，为了确保合同的合法性，在签订合同时，最好能向律师事务所、公司法律顾问去咨询相关业务的情况，了解业务发生纠纷的概率和纠纷的起因、种类，这样在签订合同时就可以提前考虑，尽可能避免类似事件的发生。

定金与订金

1. 定金

签合同时，对定金必须以书面形式进行约定，同时还应约定定金的数额和交付期限。给付定金一方如果不履行债务，无权要求另一方返还定金；接受定金的一方如果不履行债务，需向另一方双倍返还债务。债务人履行债务后，依照约定，定金应抵作价款或者收回。

2. 订金

目前我国法律没有明确规定，它不具备定金所具有的担保性质，可视为预付款，当合同不能履行时，除不可抗力外，应根据双方当事人的过错承担违约责任。

三、农村经济合同纠纷处理

（一）合同纠纷的协商

协商是指合同纠纷的当事人，在自愿互谅的基础上，按照国家有关法律、政策和合同的约定，通过摆事实、讲道理，以达成和解协议，自行解决合同纠纷的一种方式。

合同纠纷协商的原则

1. 平等自愿原则

不允许任何一方以行政命令手段，强迫对方进行协商，更不能以断绝供应、终止协作等手段相威胁，迫使对方达成只有对方尽义务、没有自己负责任的"霸王协议"。

2. 合法原则

即双方达成的和解协议，其内容要符合法律和政策规定，不能损害国家利益、社会公共利益和他人的利益。否则，当事人之间为解决纠纷达成的协议无效。

合同纠纷在协商时应注意的问题

发生合同纠纷的双方当事人在自行协商解决纠纷的过程中，应当注意以下问题：

第一，分清责任是非。协商解决纠纷的基础是分清责任是非，当事人双方不能一味地推卸责任，否则，不利于纠纷的解决。因为，如果双方都以为自己有理，责任在对方，则难以做到互相谅解和达成协议。

第二，态度端正，坚持原则。在协商过程中，双方当事人既互相谅解、以诚相待、勇于承担各自的责任，又不能一味地迁就对方，进行无原则的和解。尤其是对在纠纷中发现的投机倒把、行贿受贿以及其他损害国家利益和社会公共利益的违法行为，要进行揭发。对于违约责任的处理，只要合同中约定的违约责任条款是合法的，就应当追究违约责任，过错方应主动承担违约责任，受害方也应当积极向过错方追究违约责任，决不能以协作为名，假公济私，慷国家之慨而中饱私囊。

第三，及时解决。如果当事人双方在协商过程中出现僵局，争议迟迟得不到解决时，就不应该继续坚持协商解决的办法，否则会使合同纠纷进一步扩大，特别是一方当事人有故意的不法侵害行为时，更应当及时采取其他方法解决。

（二）合同纠纷的调解

合同纠纷调解是指双方当事人自愿在第三者（即调解的人）的主持下，在查明事实、分清是非的基础上，由第三者对纠纷双方当事人进行说明劝导，促使他们互谅互让，达成和解协议，从而解决纠纷的活动。

合同纠纷调解的特征

- 调解是在第三方的主持下进行的，这与双方自行和解有着明显的不同。
- 主持调解的第三方在调解中只是说服劝导双方当事人互相谅解，达成调解协议而不是作出裁决，这表明调解和仲裁不同。
- 调解是依据事实和法律、政策，进行合法调解，而不是不分是非，不顾法律与政策在"和稀泥"。

小知识

合同纠纷调解的原则

发生合同纠纷的双方当事人在通过第三方主持调解解决纠纷时，应当遵守以下原则：

（1）自愿原则　自愿有两方面的含义：一是纠纷发生后，是否采用调解的方式解决，完全依靠当事人的自愿。二是指调解协议必须是双方当事人自愿达成。

（2）合法原则　根据合法原则的要求，双方当事人达成协议的内容不得同法律和政策相违背，凡是有法律、法规规定的，按法律、法规的规定办；法律、法规没有明文规定，应根据党和国家的方针、政策、并参照合同规定和条款进行处理。

农村经纪合同纠纷的调解可以在村里德高望重的或是双方都信赖的第三者的调解下，达成一致意见。

（三）合同纠纷的仲裁

仲裁亦称"公断"，即对争议事项公正地作出评判和结论。

涉外仲裁

随着世界经济一体化进程的加速，很多经济纠纷都包含了涉外因素，比如当事人中有一方或双方是外国人，交易的商品是运往国外或从外国进口等，这使得涉外经济仲裁日益频繁。为此，我国设立了两个专门的涉外仲裁机构：中国国际经济贸易仲裁委员会和中国海事仲裁委员会。

1. 合同纠纷仲裁原则

● 当事人意思自治原则。

① 在发生纠纷后，当事人是否愿意采用仲裁方式解决纠纷，应当由双方自愿协商决定，并达成仲裁协议。没有仲裁协议，只有一方申请仲裁的，仲裁委员会不予受理。

② 当事人双方可以选择仲裁委员会和仲裁地点，不一定非要由一方当事人所在地的仲裁委员会管辖，因为仲裁不实行级别管辖和地域管辖。

③ 当事人有权自己选定仲裁员或委托仲裁委员会主任指定仲裁员。

④ 当事人可以约定仲裁庭的组成形式、开庭形式和审理方式。

● 以事实为依据，以法律为准绳。

要求仲裁机构在处理经济案件时，要查明事实，做到事实清楚、证据确凿，并在此基础上，严格按照相关法律法规和程序，对案件进行审理，作出公正的裁决。

● 独立仲裁原则。

①仲裁机构虽是民间组织，但其具有自治性、独立性。仲裁不受行政机关的干涉，这就为独立仲裁提供了组织保障。

②仲裁委员会不受其他社会团体和个人的干涉，如其他社会团体和个人不得指示仲裁委员会如何选择仲裁员等。

③在仲裁庭依法组成后，仲裁庭依法对案件进行独立审理并独立作出裁决，仲裁委员会不得干涉。

2. 仲裁制度

一裁终局制度	即案件在经过仲裁机构审理并作出裁决后，裁决即发生终局效力，双方当事人都应履行裁决书上的义务。一方当事人不履行的，另一方当事人可以按照民事诉讼法的有关规定，向人民法院申请执行，受申请的人民法院应当执行。
协议仲裁制度	当事人采用仲裁方式解决纠纷，应当由双方自愿达成仲裁协议。没有仲裁协议，一方申请仲裁的，仲裁委员会不予以受理。
回避制度	仲裁员有下列情形之一的，应当回避，当事人也有权提出回避申请：①是本案当事人或者当事人、代理人的近亲属；②与本案有利害关系；③与本案当事人、代理人有其他关系，可能影响公正仲裁的；④私自会见当事人、代理人，或者接受当事人、代理人的请客送礼的。仲裁员是否回避，由仲裁委员会主任决定；仲裁委员会主任担任仲裁员的，由仲裁委员会集体决定。

3. 仲裁机构

- 中国仲裁协会：中国仲裁协会是仲裁委员会的自律性组织。仲裁委员会是中国仲裁协会的会员。中国仲裁协会是社会团体法人，根据章程对仲裁委员会及组成人员、仲裁员的违法行为进行监督。
- 仲裁委员会：《中华人民共和国仲裁法》（以下简称《仲裁法》）第十条规定：仲裁委员会可以在直辖市和省、自治区人民政府所在地的市设立，也可以根据需要在其他设区的市设立。仲裁委员会由主任1人、副主任2~4人和委员7~11人组成。仲裁委员会的组成人员中，法律、经济贸易专家不得少于三分之二。仲裁员应当在具有丰富的仲裁、辩护、审判或教学研究工作经验的专家中聘任。在具体办案时，组成临时性的仲裁庭，案件结束后即行解散。

4. 仲裁协议

是指双方当事人对他们之间已经发生或将来可能发生的经济纠纷，自愿提交某一仲裁机构仲裁的书面协议，它是仲裁机构受理争议的根据。

5. 仲裁协议应具备的内容

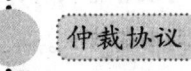

仲裁协议	是指双方当事人对他们之间已经发生或将来可能发生的经济纠纷，自愿提交某一仲裁机构仲裁的书面协议，它是仲裁机构受理争议的根据。
请求仲裁	仲裁协议要有效，应当具有请求仲裁的意思表示。首先，这种意思表示必须是出自当事人自愿的，若有一方采取了胁迫的手段，则仲裁协议无效；其次，这种意思表示是双方协商一致后共同的意思表示，若只有一方有这种意思表示，而另一方不表示同意，则不能订立有效的仲裁协议。

仲裁事项 仲裁事项是指双方当事人提交仲裁的争议范围，即双方当事人把什么样的争议提交仲裁。首先，明确提交仲裁的事项，是有关仲裁机构行使仲裁管辖权的重要依据之一；再者，仲裁事项应具有可仲裁性，也就是说，双方不能约定将婚姻、收养、监护和继承纠纷等法律规定不能仲裁的事项约定在仲裁事项中，否则无效。

选定的仲裁委员会 一份仲裁协议在符合上面的两个要求后，还应明确写明具体由哪个仲裁委员会受理，这里要注意的是：只能写明一个而不能是两个或多个仲裁委员会；约定的仲裁委员会必须存在。否则，仲裁委员会无法受理。

延伸阅读

仲裁协议的有效要件

根据《仲裁法》的规定，一项有效的仲裁协议必须具备以下条件。

1. 仲裁协议须采用书面形式

仲裁协议是仲裁机构取得管辖权的依据，它同时具有排除司法管辖权的作用。因此，我国《仲裁法》对其形式作了严格的规定，必须采用书面形式。

2. 仲裁协议的内容合法

仲裁协议中约定的提交仲裁的事项必须是法律允许采用仲裁方式处理的事项。这也是仲裁协议有效的一个重要方面。

3. 签订仲裁协议的当事人须具有完全的民事行为能力

为了维护当事人的合法权益，我国《仲裁法》规定，无民事行为能力人或者限制行为能力人订立的仲裁协议无效。

4. 当事人的意思表示真实

当事人签订仲裁协议必须是其内心真实的意思，而不能是在受强制或被其他外界影响的情况下表现出来的虚假的意思。我国《仲裁法》规定，一方采取胁迫手段，迫使对方订立的仲裁协议无效。

经纪实例——明确仲裁机构很重要

江西省农村经纪人孙某常与外地客户发生业务关系，但总担心发了货拿不到钱，到外地打官司又怕地方保护主义，一次偶然的机会听说仲裁不实行地域管辖和级别管辖，可以选择在本地仲裁，而且仲裁和诉讼具有同等法律效力，于是在许多购销合同中写上争议解决方式为仲裁，但没有明确由哪一方仲裁委员会仲裁。不久，广西一客户拒付货款，双方关系恶化，孙某遂向自己所在地仲裁委员会申请仲裁，仲裁机构会受理吗？

案例分析：仲裁机构不会受理。根据《合同法》规定：仲裁必须明确仲裁机构。

在本案例中仲裁条款仅有仲裁意思表示，未明确约定仲裁机构，事后双方又达不成补充协议，仲裁条款无效，因此作出不予受理的决定。

6. 仲裁程序

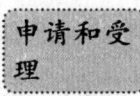

申请和受理：当事人申请仲裁应当符合下列条件：a.有仲裁协议；b.有具体的仲裁请求和事实；c.属于仲裁委员会受理的范围。
仲裁委员会受理仲裁申请后，在规定的期限内，将仲裁规则和仲裁员的名册送达被申请人，并将仲裁申请书副本、仲裁规则和仲裁员名册送达申请人。

组成仲裁庭：仲裁庭由当事人按照仲裁规则约定。当事人无约定的，由仲裁委员会主任确定。

开庭和裁决

仲裁一般应开庭进行,但当事人协议不开庭的除外。仲裁不公开进行,当事人协议公开的,可以公开进行,但涉及国家机密的除外。仲裁委员会应当在规定期限内将开庭日期通知双方当事人。申请人无正当理由不到庭或未经允许中途退庭,视为撤回仲裁申请;被申请人无正当理由不到庭或未经允许中途退庭,可以缺席裁决。

仲裁庭开庭仲裁,可以先行调解,调解不成的,应当及时作出裁决。裁决按照多数仲裁员的意见作出。仲裁裁决一经作出,具有法律效力,当事人应当无条件履行。不履行的,另一方当事人可以依照民事诉讼法的规定向法院申请执行。

执行

仲裁裁决作出后,当事人应当履行。一方当事人不履行的,另一方当事人可以依照民事诉讼法的有关规定,向人民法院申请执行。

(四)合同纠纷的诉讼

合同纠纷诉讼是指人民法院根据合同当事人的请求,在所有诉讼参与人的参加下,审理和解决合同争议的活动,以及由此而产生的一系列法律关系的总和。

它是民事诉讼的重要组成部分,是解决合同纠纷的一种重要方式。与其他解决合同纠纷的方式相比,诉讼是最有效的一种方式,之所以如此,首先是因为诉讼由国家审判机关依法进行审理裁判,最具有权威性;其次,裁判发生法律效力后,以国家强制力保证裁判的执行。

1. 合同纠纷诉讼的特点

合同纠纷诉讼和其他解决合同纠纷的方式特别是和仲裁方式相比,具有以下几个特点:

①诉讼是人民法院基于一方当事人的请求而开始的,当事人不提出要求、人民法院不能依职权主动进行诉讼。当事人不向人民法院提出诉讼请求,而

向其他国家机关提出要求保护其合法权益的，不是诉讼，不能适用民事诉讼程序予以保护。

②法院是国家的审判机关，它是通过国家赋予的审判权来解决当事人双方之间的争议的。审判人员是国家权力机关任命的，当事人没有选择审判人员的权利，但是享有申请审判人员回避的权利。

③人民法院对合同纠纷案件具有法定的管辖权，只要一方当事人向有管辖权的法院起诉，法院就有权依法受理。

④诉讼的程序比较严格、完整。例如，民事诉讼法规定，审判程序包括第一审程序、第二审程序、审判监督程序等。第一审程序又包括普通程序和简易程序。另外，还规定了撤诉、上诉、反诉等制度，这些都是其他方式所不具备的。

⑤人民法院依法对案件进行审理作出的裁判生效后，不仅对当事人具有约束力，而且对社会具有普遍的约束力。当事人不得就该判决中确认的权利义务关系再行起诉，人民法院也不再对同一案件进行审理。负有义务的一方当事人拒绝履行义务时，权利人有权申请人民法院强制执行，任何公民、法人包括其他组织都要维护人民法院的判决，有义务协助执行的单位或个人，应积极负责地协助人民法院执行判决，如果拒不协助执行或者阻碍人民法院判决的执行，行为人将承担相应的法律后果。以国家强制力做后盾来保证裁判的实现，也是诉讼形式有别于其他解决纠纷形式的一个显著特点。

2. 诉讼程序

（1）第一审普通程序　第一审普通程序是人民法院审理经济纠纷案件时通常适用的最基本的程序。

（2）第二审程序　第二审程序也称为上诉审理程序，是指诉讼当事人对一审未生效的判决或裁定不服，由上级法院对案件进行重审的程序。

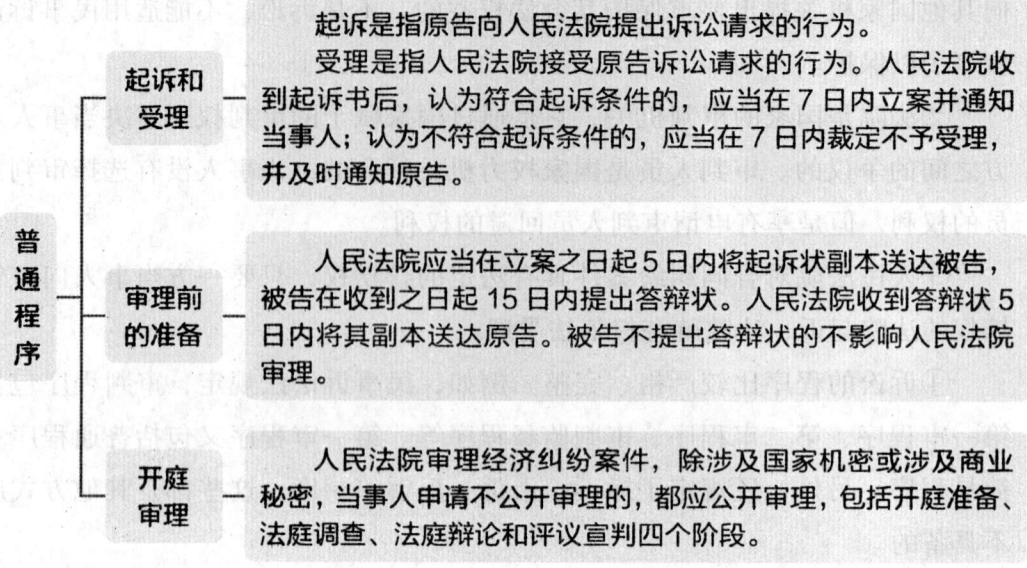

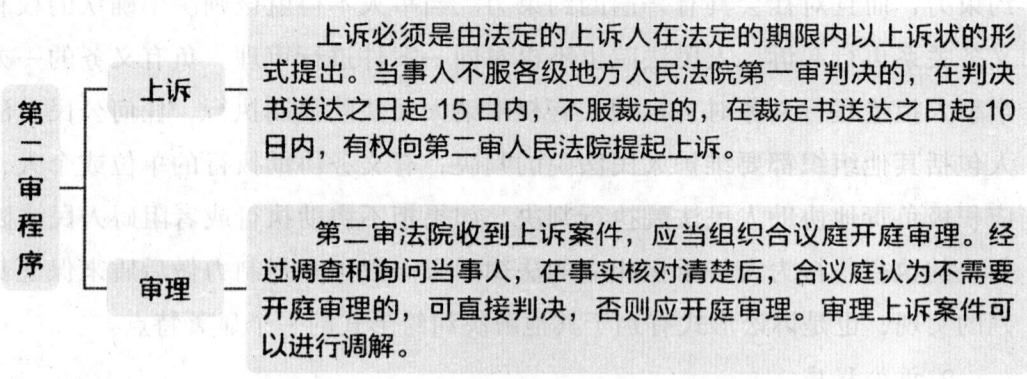

（3）**审判监督程序** 审判监督程序是指人民法院对已发生法律效力的判决或裁定，发现确有错误，依法进行重审的程序。

当事人认为已经生效的判决、裁定确有错误的，或有证据证明调解违反自愿原则或调解协议内容违反法律规定的，可在发生法律效力后 2 年内申请再审，但不停止原判决、裁定的执行。

（4）**执行程序** 执行程序是指人民法院执行机构依法强制义务人履行已经生效的法律文书确定的义务的行为。当事人拒不履行已经发生法律效力的判决、裁定、调解协议和仲裁裁定时，对方当事人在规定的执行期限内（双方和一方当事人是公民的为 1 年，双方是法人或其他组织的为 6 个月）向人民法院申请执行，也可以由审判员移送执行员执行。